團體技巧
Group Techniques

Gerald Corey 等／原著

曾華源、胡慧嫈／譯

Groups Techniques

~Second Edition~

Gerald Corey

Marianne Schhneider Corey

Patrick Callanan

J. Michael Russell

Copyright © 1992 by **BROOKS/ COLE**

A Division of International Thomson Publishing Inc.

Chinese edition copyright © 1998
by Yang-Chih Book Co., Ltd
Printed in Taipei, Taiwan, R.O.C.
For sale in Worldwide

ISBN:957-8446-63-2

作者簡介

傑瑞德・柯瑞 （Gerald Corey）

加州州立大學富樂頓（California State University at Fullerton）人群服務與諮商系教授。在 1983 年到 1991 年期間擔任該校人群服務方案的負責人。他有心理治療師執照和南加州大學的諮商博士學位，目前還擁有諮商心理學家證書、國家諮商員證照，他也是登記合格的全國健康心理照護者，合格的婚姻、兒童和家庭諮商者，全美心理學會（諮商心理）和團體工作專家協會會員。

柯瑞教授每學期開授團體諮商、團體過程、諮商理論與實務，以及專業倫理等課程。他和其他同仁一起在美國、墨西哥、中國和歐洲等地舉辦團體諮商訓練爲主的研習營，也受邀請到全美各大學作專題演講。柯瑞和本書的其他作者每年暑假在加州 Idyllwild 舉辦爲期一週住宿型式的個人成長的工作坊。

柯瑞在 1991 年還獲得該校頒發傑出教授獎；1988 年獲得全國人群服務教育組織頒發的人權服務教育與支持獎；1989 年榮獲宗教與諮商價值議題協會頒授專業倫理方面的獎項；1984 年富樂頓分校人類發展和社區服務學院頒發給他傑出教授獎。

柯瑞和其他作者合著之近作（全部都由 Brook/Cole 出版公司出版）有：

- *Groups: Process and Practice*, Fourth Edition (1992)
- *Case Approach to Counseling and Psychotherapy*, Third Edition (1991)
- *Theory and Practice of Counseling and Psychotherapy*, Fourth Edition (and *Manual*)(1992)
- *I Never Knew I Had a Choice*, Fourth Edition (1990)
- *Theory and Practice of Group Counseling*, Third Edition (and *Manual*) (1990)
- *Becoming a Helper* (1989)
- *Issues and Ethics in the Helping Professions*, Third Edition (1988)

瑪麗安妮 • 柯瑞（Marianne Schneider Corey）

她擁有加州 Idyllwild 婚姻與家庭治療師執照，是國家合格的諮商師。她擁有查普曼學院婚姻、家庭與兒童諮商碩士學位。目前她是團體工作專家協會會員，全美婚姻與家庭治療協會臨床會員，以及全美諮商與發展協會、諮商宗教與價值問題協會和全美人群服務教育組織等機構的會員。

瑪麗安妮的專業為夫妻諮商，帶領心理衛生專業人員的治療性團體和訓練性團體。她也在富樂頓分校的團體諮商課程中，督導和訓練學生領導者。她與其他同仁在全美各地、墨西哥、中國和歐洲各地舉辦專業人員研習營。1986 年獲得宗教與諮商價值議題協會頒獎，肯定她在專業倫理領域的貢獻。

她和其他人合著之著作（全部都由 Brook/Cole 出版公司出版）如下：

♦ *Groups: Process and Practice*, Fourth Edition (1992)

♦ *I Never Knew I Had a Choice*, Fourth Edition (1990)

♦ *Becoming a Helper* (1989)

♦ *Issues and Ethics in the Helping Professions*, Third Edition (1988)

她也在團體工作專業人員期刊中與他人合著數篇文章，最近的著作是和派屈克 • 寇樂南與傑瑞德 • 柯瑞合著的《在團體諮商中團體領導者價值的角色》（ *Role of Group Leader's Values in Group Counseling* , 1990 ）。

派屈克 · 寇樂南（Patrick Callanan）

他是加州 Santa Ana 地區一位私人開業的婚姻與家庭治療師，國家認定合格的諮商師，擁有全美國際大學專業人員心理學碩士學位。目前在加州州立大學富樂頓分校擔任人群服務方案兼任教師，定期指導實習課程，協助訓練和督導團體領導者，以及擔任為期一週住宿型式成長團體的協同領導者。他是心理衛生實務人員的顧問，也在 Convention 和專業人員組織舉辦研習營和訓練團體。寇樂南是加州婚姻家庭治療者協會、團體工作專家協會、全美諮商與發展協會等組織的會員。在 1986 年獲得宗教與諮商價值議題協會在專業倫理領域的獎勵。

派屈克在團體工作專家期刊與好幾個人合作刊登數篇論文，包括和瑪麗安妮與傑瑞德 · 柯瑞合著："Role of Group Leader's Values in Group Counseling"（May 1990)。他也和瑪麗安妮與傑瑞德 · 柯瑞合著：

◆*Issues and Ethics in the Helping Professions*, Third Edition (1988)

麥克 • 羅素（J. Michael Russell）

他是加州州立大學富樂頓分校的哲學與
人群服務教授，一位私人開業的精神分析師。
在新報導精神分析機構擔任教師，教導精神
分析課程，以及擔任該機構訓練委員會主席。
他自 1971 年獲得加州大學 Santa Barbara 分校
的博士學位後，就帶領個人成長的研習營和
教學課程。他的哲學興趣在研究自我欺騙上，
而放進他所教授的心理治療的哲學假設、存
在主義、現象學、諮商理論與技術、個案分析、團體領導等課程中，
以及他所帶領的團體領導訓練中。

他在 1984 年就是國家合格的諮商師，1985 年登記註冊爲研究分
析師， 1988 年成爲研究級的精神分析師。他是好幾個專業人員組織
的會員，包括全美諮商與發展協會、團體工作專家協會。他的出版
叢書包括與他人合寫的期刊文章如下：

- "The Human Services Program at California State University, Fullerton" (with Corey, Col ey, Ramirez, and Wright), in *Journal of Counseling and Human Services* (May 1986)
- "Desires Don't Cause Actions" in *Journal of Mind and Behavior* (Winter 1984)
- "Ethical Considerations in Using Group Techniques" (with Corey, Corey, and Callanan), in *Journal for Specialists in Group work* (September 1982)
- "Reflection and Self-Deception" in *Journal for Research in Phenomenology* (1981,Volume Ⅱ)
- "A Report of a Weeklong Residential Workshop for Personal Growth" (with Corey, Corey, and Callanan), in *Journal for Specialists in Group Work* (November 1980)
- "How to Think About Thinking: A Preliminary Map" in *Journal of Mind and Behavior* (Spring 1980)

主編序

　　在台灣社會工作專業的存在已有三十多年歷史，然而，近幾年來台灣社會快速發展與社會問題不斷增多下，社會工作才受到重視與需要。目前可說是台灣社會工作專業發展真正的契機。

　　一個專業要能夠培養真正可以勝任工作的專業人才，專業的地位與權威，才會受社會所認可(sanction)。因此，學校的教育人才、教學方法與教材，對社會工作在專業的發展上都具有關鍵性影響。我們在學校任教，對教學教材與參考書不足深感困擾。環顧國內社會工作界，社會工作各專業科目的專業書籍實在不多。因此，在一個偶然相聚的機會中，揚智文化葉總經理願意出版社工叢書，以配合當前社會及專業的需要。

　　從去年開始，在出版社的協助下，我們選購了國外一系列評價較高的社會工作書籍，由社工領域中學有專長且具實務經驗的社工菁英來翻譯，另由我們邀請國內各大學中教授社會工作專業科目之教師撰寫書籍。很湊巧，今年正逢社會工作師法的通過，我們希望規劃出版之各專書，有助於實務工作者證照

考試，以及學校課程的教授與學習。最重要的，也期望藉著這些書籍的撰寫與翻譯，使專業教育不再受限於教材之不足，並能強化社會工作專業人員的能力，使我國本土的社會工作與社會福利服務實務能有最佳的發展。

　　最後我們要感謝許多社會工作界的同道，願意花時間和我們一起進行此一繁重的工作，並提供意見給我們，希望此一社工叢書能讓大家滿意。

曾華源、郭靜晃　謹識

一九九七年十一月

原　序

　　我們四人自一九七二年合作以來，幾乎對每一方面的團體工作都有接觸——如成員、領導者、教師和研習營的指導者等。在這長期的參與過程中，我們發現一直面臨有關團體中技巧的問題：它們的地位、它們的有效性和它們的濫用。在許多研習會之中，我們看到許多沒有經驗的領導者一錯再錯地使用技巧。在專業性研習會中，我們被問到一些技巧方面的問題，這些問題中常意味著技巧有或應該有一種科學性的本體（scientific body），能提供實務者用來有效處理團體中每一種突然事件。

　　在本書中，我們基本上假定技巧從未是團體工作中主要的學習課程。這個假定有許多含意在內，其重點是放在成員和領導者，以及他們之間到底發生何事上。因此，技巧是手段而非目的。它們不是被用來使人躲在它的背後，也非用來逼迫案主參與團體。技巧應該被用來增強知識和覺知能力，基本上是用來服務案主，而非治療者。

　　為了避免把技巧用來做為團體工作的主要重點，我們不想

提供技巧與活動（exercise）的詳細目錄。我們的目的不只是把所有可能用在各種對象的技巧列出大綱，而且在教導領導者如何在團體中發展和運用技巧。如果能在每閱讀一章後，就放下書本，並問自己書中所描述的技巧與你所帶過的團體有何相關和如何運用，那麼你將能善用本書。我們不希望你一成不變地引用我們所提到的技巧，並且在沒有思考是否適合你團體的成員和你與每個成員的獨特關係的情況下，就使用它們。

我們除了希望本書是在創造性下被使用之外，也希望能刺激你在各種領域中以團體協助他人，以及你在團體中所做所為的哲學面與倫理面上產生興趣。此種興趣會導引你思考治療的理論，加深自我的治療，使你能和其他人交換意見，而非在專業性被孤立。這也能使你對督導工作（supervision）產生興趣，不論是正式的教學，或非正式地與要好的同事相互督導。如果本書使你對諮商和治療的整個領域有更強的動機，我們相信興趣將會協助消除技巧的濫用。

我們想使本書的撰寫風格符合我們個人的觀點和我們領導團體的方式。我們並未參考其他作者在他們書中所提的東西，希望你能運用本書後面所提供的參考書目，對團體工作加以思考。不過，我們不希望你有一種印象，認為我們所討論的技巧是來自真空世界。本書中所提供的技巧，除了直接對參與者在團體中所提出的問題做反應之外，還帶有我們自己的治療者，團體的領導者和參加研習會當成員時，所留下來的影響，以及許多不同理論取向作者的特徵在內。

本書是提供給各種社會服務領域中的學生和實務者，包括以團體做為服務模式的諮商心理學到社會工作。在課堂上可以成為一本很有價值的輔助教材，在實務工作上可以用來刺激思

考和創造自己團體工作的門徑，並且可以用來銜接督導工作。適合閱讀本書的對象包括：在帶領團體的精神病理工作護士、社會工作者，心理治療者、牧師、婚姻與家庭治療者、教師、心理衛生專業人員和半專業人員。

第一章我們已增加對案主文化的差異之提示，也討論文化問題為一個運用團體技巧之因素。第二章中，我在運用團體技巧上，擴大討論倫理所涵蓋的範圍。

在每個團體階段裡，本版書的內容有更詳細的例子，以及增加給成員的指引和建議。我們也包括比較短期性和長期性團體的說明，且說明如何成立這種團體。本版書將團體的開始階段和轉換階段分為兩章，而第三章和第五章重新安排章節使它更順暢。

在修訂版中，我們的目標放在更實務應用上。雖然我們採折衷立場，避免單一理論帶來偏誤，我們仍然在本書中強調理論要引導實務工作者。我們希望本書的精神和論點會促使團體領導者發展出自己的治療風格。同時，我們提到當一個領導者在設計和執行各種技巧上必須要注意和小心的一些事，包括工作程序和倫理兩方面。

我們要感謝 Fairfield 大學的 Peg Carroll、休士頓大學（University of Houston）明湖（Clear Lake）分校的 Barbara Herlihy，以及肯特州立大學（Kent State University）的 David Zimpfer，他們閱讀修正稿和提供建設性建議。我們也感謝 Katie Datro 來審閱本書和整理索引，最後感謝 Debbie DeBue 協助打字。

我們又想對 Brooks/Cole 團隊的成員，編輯經理 Fiorella Ljunggren、主編和心理學編輯 Claire Verduin 表示感激，因為

他們投入修訂過程，並提出很有幫助的看法給我們。我們特別
感激執行編輯 Willian Waller，他優異的編輯技巧協助我們出版
一本明確可讀的書。

Gerald Corey

Marianne Schneider Corey

Patrick J. Callanan

J. Michael Russell

譯　序

　　柯瑞（Corey）等四人所合著的《團體技巧》（*Group Techniques*）這本書是我在「張老師」工作時的同事黃惠惠小姐介紹給我的。第一版是在一九八二發行的，而我在一九八七年翻譯該書，並在張老師出版社發行。

　　我覺得這本書的優點是：

(1)強調結構性團體中的活動（exercise）只是手段而已，應依照團體的過程，創造性地運用屬於自己的技巧，以發展自己的領導風格。

(2)對團體裏經常發生的情況或爭議性問題等，提出作者們的處理經驗與讀者分享。對實務工作者或學習帶領團體的學生，有非常實際的幫助。

(3)提出團體工作過程中所涉及的倫理性問題，並提醒團體領導者應加以重視。

(4)本書指出在處理案主問題上，不同理論所導引出來的處理技巧如何運用實務工作中，使實務工作者更能瞭解

理論與實務如何結合，而非一味地批評理論與實務是不相干的。

(5)特別強調團體實務工作上一定要考慮成員不同文化背景因素，以免造成誤失。

由於本書撰寫風格簡明扼要，循序漸進，並配合例子做簡要說明，使人容易瞭解。其內容著重在團體實施層面中，各種技巧運用的探討，因此，對團體工作的理論和原則，就沒有詳細深入的敘述和說明。本書可以作為教科書的補充教材。如果讀者想對團體工作的理論和原則有較完整的認識，以為相互配合，請參閱 Corey & Corey (1992) , "*Groups : Process and Practice*" （第四版），或一般的團體工作的教科書。此外，本書後面亦保留作者所列之參考書目，以方便讀者選用。

閱讀本書時，譯者建議應先從第一章和第二章開始，並等完全體會其主要要旨之後，方才閱讀其餘幾章，否則讀者可能無法體會作者之深意，而囫圇吞棗地對書中所談到的技巧照單全收，刻意模仿，甚至放棄團體過程之需要和倫理問題的考慮，那麼本書就可能會誤導或加深團體技巧之濫用，而這是作者最大的顧慮。

本書第一版的翻譯工作是集合我個人及三位我曾經教過的傑出學生所共同完成的，他們是東海大學社會工作研究所滕青芬、社會系賴慧滿和政治大學社會系張杰楠。目前他們或已經是機構主管，或留學歸來為人師表。本書部份章節由他們初譯後，再交由我修正和潤飾。由於個人能力和學識疏淺，第一版書中有關較難譯或文中之專有名詞和文義複雜之處，得力於我的同事武自珍教授和郭青青教授之協助，才使我有信心讓它和

大家見面，在此特別感謝她們。

　　本版書是第一版書的修訂本，其內容更加充實，修訂之重點作者已在原序中提及。為能盡快與讀者見面和避免盲點，我邀請本系博士班研究生胡慧嫈小姐參與翻譯與增修的工作，雖然修訂工作約有半年時間，但是難免會有疏陋，尚祈學者專家與讀者不吝指正，以匡不逮。

曾華源　謹誌
東海大學社會工作系

目　錄

主編序　i

原　序　iii

譯　序　vii

第一章　技巧的角色　1

避免技巧的誤用　2

治療性的關係　6

依不同類型的團體來選擇技巧　8

引用技巧　14

領導者也是人　17

結　論　20

問題與活動　21

第二章　使用團體技巧的倫理思慮　25

團體的準備規範　27

領導者的動機和理論基礎　29

運用技巧做為逃避的設計　32

不當的壓力　35

使用肢體活動技巧　41

運用團體技巧的勝任程度　46

協同領導　47

結　論　48

問題與活動　48

第三章　團體前準備工作的技巧　51

建立團體　52

招募成員　57

篩選成員　57

進行一次預備會議　59

未成年父母的準備　61

設定目標　62

讓成員準備從團體中得到最大收穫　71

準備擔任領導者　82

結　論　84

問題與活動　84

第四章　團體開始階段的技巧　87

團體開始階段的特性　88

物理環境的安排與佈置　89

相互認識的技巧　90

把焦點放在成員的技巧　94

建立信任感的技巧　97

處理抗拒的技巧　103

團體每次開始的技巧　107

團體每次結束的技巧　109

成員自我評價的技巧　111

領導者自我評量的技巧　113

結　論　115

問題與活動　115

第五章　轉換階段的技巧　119

轉換階段的類型　120

處理防衛行為的例子　121

處理問題成員的技巧　126

處理衝突的技巧　137

害怕與抗拒的處理　141

處理對領導者的挑戰　154

結　論　164

問題與活動　165

第六章　工作階段的技巧　169

工作階段的特性　170

處理出現在團體中的主題　176

處理所有成員同時產生的強烈的情緒　187

處理夢境　189

處理投射和自我覺知到的其他問題　193

結　論　216

問題與活動　217

第七章　結束團體的技巧 223

　結束每次聚會的技巧　225

　結束團體的技巧　232

　繼續評鑑與追蹤之技巧　242

　評估團體的技巧　244

　結　論　248

　問題與活動　248

第八章　摘　要 253

參考書目 269

第一章
技巧的角色

首先，我們要對「技巧」（technique）的涵義加以澄清。但是，要下一個定義不像是口頭上說一說那麼簡單。畢竟領導者的一切所做所為，包括沉默、建議新行為、邀請案主探討衝突、保持眼光的接觸、位置的安排、對成員做反應和提出說明解釋等，都可以視之為技巧。然而，更精確的說，我們用「技巧」時，所指的是領導者對成員明確和直接的要求，是為了把焦點放在擴大或誇張情緒，練習行為表達或凝聚洞察（solidifying insight）的結果。這個定義包括以下的過程：進行初次會談，以瞭解成員加入團體的原因及需要；要求一個沒有什麼進展的團體，澄清其發展方向；要求成員用角色扮演出某一個特殊情境；要求成員練習某一種行為；要求成員重複說特定的字或完成一個句子；或是幫助成員摘要團體活動過程；對成員的信念系統提出挑戰；以及處理影響成員行為的認知。我們也把技巧視為程序，其目的在於協助領導者使每次團體有方向感。

避免技巧的誤用

　　關於技巧的使用，有許多錯誤的概念。在我們的團體工作坊（workshop）裡，有時候參加人員會要求我們提供一些處理特殊個案所要用的技巧。這種提議似乎暗示團體的有效性在於團體領導者能適時使用正確的技巧。或許團體諮商的模式，如行為修正，是有些特殊方法適合用來模塑已被標定的行為結果的。然而，在許多團體中，從團體成員表現裡所衍生出來的技巧是很有用的，而且可以改正當時團體的情況。

我們認為技巧只是手段而不是目的，所以很自然地我們會關心如何使用這本書：這本書是否會使團體領導者變成過度強調技巧而產生問題？是否讀者沒有把這本書視為可加強他們治療工作創意和判斷力的資源，而只是多記住一些特殊的技巧，卻沒有看情況來使用？當然我們希望不是那樣，我們希望本書能激發團體領導者運用他們的創造性，並願意承擔發展新技巧的風險。

團體會有何性質是無法預測的，所以就像食譜一樣，即使提供許多機會，嘗試用不同程序來使用不同技巧，也無法取代團體領導者的主要功能。許多優秀的廚師——這就是我們對領導者的建議——每一次都可以做出不同的佳餚，甚至從基本的食譜中做菜，也可以依每個人的口味，用當天從市場中買來的菜和憑藉自己的敏銳感覺來烹調。

一、注意顯而易見之處

我們認定技巧是可以用來更進一步深入的探索已經產生的感受，而這些技巧應用在已經發生的事情上，可能會比較恰當。例如：當某個人說「我覺得孤單」時，便適合引用技巧，以協助當事人更進一步探討這種感受。也因為如此，通常我們比較喜歡讓團體成員選擇團體的討論主題，而非專斷地選擇主題。不過這不是嚴峻且固定不變的規則，團體領導者有時候也能夠預先為成員有效地選擇技巧、活動和討論。事實上，針對特定的人口，這是有需要的。許多短期結構性團體運用主題和活動，來作為幫助成員學習的方法。如此一來，在團體基本目標的架構內，便可運用技巧來幫助成員達成他們的個人目標。

有時我們在團體開始活動時，使用技巧來引發談話資料，

而在團體結束前的摘要，也經常使用技巧來進行。通常我們使用技巧都是用來精煉（elaboration）已經出現的情事，而不是促成某些事情產生。我們傾向避免對團體的過程有一個太過僵化的流程，反而強調由成員主導流程才有價值。我們最好依循著成員的動力和思緒，而非過度地主導。我們認為對團體過程做太多的安排並不好，而比較喜歡從成員所提供的資料，來獲取可以協助的線索。

許多團體都有抗拒或遲疑的停滯時期，遇到這種情形的時候，團體領導者很容易急於用技巧來催化團體進行，而不會去注意已呈現出來的重要資料。對於教導成員如何評估團體過程所發生的事，以及如何運作團體的動力，這反而是具有治療性的幫助。例如：環顧整個團體，你注意到團體成員並不熱衷於團體活動，有的人顯得十分煩悶，有的人表現坐立不安，有的人則快要睡著了。我們認為這時候最好的技巧就是催化團體檢視團體進行的過程。你可以表示：「我很盡力的想帶動團體，但卻發現大家並未進入狀況，我很想知道你們是怎麼一回事。你們當中少數的人在提高說話音量，有一種坐立不安的氣氛，大家並不對彼此相互回應，而我覺得好像是我在做大部份的事情。我希望能聽聽你們每一個人說一說你們現在是怎麼樣的感覺。」然後你可以分享此時此刻的感受，或是等成員都說完自己的感受時，再表露自己的感覺。我們不太贊成此時急著催化團體的進行，我們比較喜歡用描述而非評斷的方式，來說明已發生在團體中可觀察到的行為，並且鼓勵成員自己依其想在團體中參與的程度，來決定自己要做些什麼。

此外，當我們考慮是否引進技巧時，我們常常需要考慮團體正處在那個階段上。例如：你可以預期信任是團體初期的一

個課題。團體可能多少會有沉默和說話小心奕奕的情形。對團體本身或團體的特性而言,一味的運用技巧,希望團體行進,但忽略了明顯的東西,而強迫產生動態的發展,將會使團體變得不成熟或有疏離感,這樣就會干擾、阻礙團體的自然發展。技巧的引用是用來強調和澄清發生何事,所以技巧可以使過程圓滿,而非侵擾團體的進行。

二、保持彈性

　　就像領導者不應該固執在何處要引用技巧,而應有彈性地來處理成員表現的訊息。做為一個領導者必須要隨著成員表現的訊息而改變,要準備放棄似乎無用或無法改善目前情況的技巧。我們曾看到一個團體領導者處理一個憤怒的婦女,領導者誘導她用手打枕頭。顯然地,這是未能注意或太執著於她已經被此事壓抑的事實。我們希望他適當地處理她所呈現出來的資料。換一種不同方式來解釋,領導者可能會決定案主需要去探索她與其父親的問題。此時領導者可以用一個技巧,讓人注意她的哀傷,而不是處理她所表現出來的憤怒。在我們所督導的某次團體治療裏,一個表現暴力行為的病人,一直反覆的說他已經「不一樣了」。這個領導者堅持案主處理他的暴力感受,而不是去探索他關心「不一樣」的事情。不論主要問題是否處理了,但對我們而言,此一團體沒有應有的進步,乃是因為領導者對案主有既定的想法。此時,對於成員的需求,團體領導者應該評估運用何種技巧來幫助成員處理他們決定的重要主題。

　　雖然領導者有可能因為缺乏敏銳度去應允和接受成員表現的訊息而犯錯,但我們不希望他變得很焦慮的在追求「正確無

誤」或「最困擾的」訊息。如果我們變得太在意要在適當時機做正確的事，很可能會壓抑我們的創造力，並會錯過成員所給的重要訊息。常有許多方向值得去探索。當我們被問到在一個情境中，為何選擇這個方向，而非另一個方向時，我們還是常覺得可由不同方向來著手處理。每個領導者都有他自己的興趣和精力，並據之以處理。

治療性的關係

讓案主有重大改變的機會是基於他們與團體領導者的關係。就像很多不適應行為是來自於早期的不良關係一樣，若能與領導者建立新關係，則會有新的行為產生。如果領導者或成員的關係是不真實、膚淺或貧乏的，我們很難期望成員會有動機去尋求改變。改變是有許多需要被滿足時才有可能，而非單靠技巧就可以做到。改變是需要不斷嘗試，而治療關係可以提供嘗試的基礎。讓我們來看二個使用技巧時需要討論的問題，可以說明治療關係的重要性——時機和避免自欺。

一、使用技巧的時機

團體工作中一個非常重要的因素，是使用技巧的時候，必須考慮案主是否準備好放棄防衛心理。如果案主還沒有做好心理準備，就迫使他處理問題，則會侵犯到他的自尊。因為防衛機轉常常是案主保持心理平衡的工具，若毫無考慮的加以攻擊他的防衛，會讓案主受到嚴重的心理傷害。沒有任何特定的技巧可以告訴團體領導者，何時案主的防衛心理已解除。你需要

有智慧、聰敏，尤其帶著關心注意你與案主的關係。這種關係能使案主有現實感，以便解除無用的和過度的防衛行為。當成員學習到信任和相信你時，他們的心理就會變得自主。在缺乏此種關係下，案主是被要求信任技巧，而沒有任何你關心他們的徵兆，案主心裏就會產生抗拒。領導者常常需要憑著對案主與他的關係的瞭解，以第六感來判斷最適當的時機，溫和地誘導案主面對過去所逃避的事，使案主能以傷害到最少的方式來瞭解自己。所以這個技術是在技巧之外的，可以說是領導者在團體開始進行活動前就要擁有的能力，不過也可以透過訓練和督導的過程而提升。

二、使用技巧時避免自欺

技巧可以說是情緒釋放的有力資源，而且在治療的團體中，可以產生巨大的能量。但是技巧也可能阻蔽成員和領導者之間的關係。當強烈的情感已經平息下來時，任何成員所得到的洞察，可以被與他無關的一些東西輕易地破壞，例如：像是特殊環境的力量或領導者怪異的技巧。在一個極端的情況中，由於淨化情緒時所帶來的影響，會使案主帶著錯誤的看法，以為問題已經被處理完畢。雖然情緒淨化能使人感到興奮，但是還會帶來一種有生產性的錯覺。如果領導者急於想要製造一種強烈的情緒，可能會使用技巧造成團體表面上有進步的樣子，而沒有敏察到需要努力處理資料，並且得以瞭解一些意義和內在含義。

依不同類型的團體來選擇技巧

　　所帶領的團體型態將大大地決定了可適用的技巧種類。有些技巧非常適合治療性團體或諮商性團體，卻不太適合某些以教育為重點的團體。本書大多數所敘述的技巧，最適合運用在諮商和治療團體。例如，有些在轉換和工作階段章節中所提到的技巧，將不適用於短期結構性的兒童團體。無論如何，我們的目的並不是展示技巧，好讓你模仿，而是提供許多在治療性團體中運用技巧的例子，希望能在適合特殊案主群與特定團體的範圍內，去思考發展屬於自己技巧。

　　在設計團體時，一定要將焦點清楚地放在你希望達成的基本目標上。時間的結構、環境佈置、要運用的技巧、所接受的團體參與者，以及領導者的角色，主要都是取決於團體的設計型態。因為牽涉到在團體中使用的技巧，所以主要的考慮重點是如何運用技巧來服務案主。在特定的任務團體中，你或許可以運用結構式的活動，並製作清楚可用的議程來帶領該團體。如果在學校中帶領指導性或教育心理性的青少年團體，你可能需要排除那些被用來探究強烈情緒的特定技巧。因此，在設計和使用技巧時，你永遠要記住團體的主要目標。技巧將是幫助你和你的成員完成特定目標的工具。

　　除了提供招募、篩選、提供消息和團體成員準備等建議之外，對於所有各種團體，我們推介一個一般性的技巧，包括邀請成員說出他們對團體的理解，希望從團體中獲得什麼，以及使他們專注於規劃團體方向的一些事情上。在這本書中可以找

到這些程序事項的建議。一般的慣例上，在研習會的開頭、團體的過程或團體進行的某一次活動中，我們會要求成員說說他們來到團體中的特定希望、期待、幻想和恐懼的事。

有好幾個不同的技巧可用來處理團體中發生的任何狀況，而且每一個均對案主有益。領導者又是站在何種基礎上來選擇此種而非另一種的技巧？領導者必須考量幾個因素來決定，例如理論的方向、團體的組成人口、個人成員和團體領導者的人格特質，以及成員的文化背景。

一、以理論為基礎

團體領導者的理論信念常常是選擇技巧的依據。例如受到領導者最少干擾的自由聯想技巧，常導致退化和重現早期的記憶。要求案主注意他們在想什麼和感受到什麼，則可以使他的注意力集中在此時此刻，而增強行為的技巧則會直接轉移對個人內在動力的注意。所以技巧的選擇常與領導者的理論架構有關。

理想上，你能自由地設計一些技巧，以顯示人類經驗重要性，打開人類的思考、感受和行為。每一個理論架構都試圖為創造性的工作提供一個好的策略。有時成員需要更深入地去經驗他們的感受；在其他時候，他們能從探索自己的信仰和假設中受益，而這當中有些時候可能是自我設限。儘管如此，有時成員需要訂出一個行動計畫，將成員的頓悟轉化為新的行為。同樣的，人們也能因為他（她）在好幾個工作階段中，因注意不同的重點而受惠。

二、以對象為基礎

我們認為你要是對團體的成員有敏銳性的話，就應該會知道你要用何種技巧。例如：不能對器質性腦傷病人的團體和成長性團體的案主使用相同技巧；相同的，會帶來強烈情緒的技巧，就必須很小心的用在暴力性犯罪團體中，以免他們暴力性情緒爆發出來時帶來問題。用來做團體治療案主的技巧，也不適合專業人員(如教師和護士)在發展人際技巧的團體中使用。我們無法指出在目的、年齡和功能層次上，團體的各種變異性，一個領導者需要經常問：「這個技巧是否適合這個團體裏的人？」「在這情況下，這是否對這群人最有效的技巧？」

三、以案主的人格為基礎

要考慮個別案主的人格後，才能選用技巧。如果它不適合，那麼就無法幫助人們得到真正的滿足。例如：想像要求一個中年保守的上階層婦女用四個字彙，來表達她的憤怒。雖然領導者覺得這樣對她表達憤怒上很有價值，但是尊重她對這些字的敏感，也是相同重要的。技巧、引用技巧的人和技巧服務對象三者應該是一致的。

四、適合案主文化背景的團體技巧

在選擇技巧時，有必要考量文化背景對案主人格及價值觀的影響。有一些案主因為其文化情境的關係，所以厭惡公然地表達情感，與赤裸裸地談論他們家庭問題。如果技巧與人格特質相左時，極可能會造成案主與團體的疏離。採用技巧的關鍵便在於尊重個人人格與文化背景的獨特性。

如果你想帶領一個有各種文化背景人口的團體，那麼便有必要找出一個符合他們需求的策略。也許你真誠尊重團體成員彼此的差異，並且你也願意從他們身上學習，這些都將是你和成員之間建立關係最重要的基礎。尤其要小心謹慎地檢視自己的行為，如此才可能避免因特殊社會或文化團體的緣故，而將個人定型或以刻板印象來概推。

　　認為一套技巧就能適用團體中的所有成員，而不去瞭解他們的文化背景，則是一種錯誤的認知。在帶領團體時，有必要培養敏銳度和知識，以修正技巧來符合成員的文化背景。依照團體工作專業人員協會（Association for Specialist in Group Work，簡稱 ASGW）的規定，領導者的責任是在成員加入前，對於那些可能會參加的成員，要告知關於團體互動的價值觀。例如，這些價值觀包含停在此時此刻、表達感受、尋求所想要的、坦白與誠實、和其他人分享自己的事情、使別人瞭解你、學習如何信任和改善人際溝通、學習主動、處理衝突、與其他人面質，以及為自己做決定。

　　因為成員的文化背景和他們所持有的價值觀，某些案主勢必在技巧的配合和團體過程中遭遇困難。一定有成員難以坦白，因為他們的文化強化了不得坦白的規範。其他一些成員可能對於讓自己成為主要的焦點，或是佔用團體的時間感到困擾，這可能是因為他們的文化告訴他們，這是沒有禮貌的和感覺遲鈍的表現。有些成員會覺得為自己作決定令自己不舒服，因為他們的文化教導他們要依循傳統標準或外在的權威。雖然一些團體技巧是被用來協助成員更無拘無束地表達感受，一定有成員會覺得這些技巧具有攻擊性。他們也許早就被教導保留自己的感受才是好的，而且在大眾面前流露情感是不對的。

團體工作專家協會的指導原則指出，「團體的領導者必須要瞭解自己的價值觀和設定，以及如何使自己適應一個多重文化的背景」。相關的指導原則提醒領導者，由於年齡、性別或文化背景等因素，對成員有刻板印象的危險性：

> 團體領導者會採取一些措施來增加對成員的認識，但這種與成員的個別性的互動，可能會抑制團體的過程和對反情感轉移的檢視。經由瞭解刻板印象和差別待遇（諸如年齡、無能、少數民族、性別、種族、信仰，或性別偏好）的影響，團體領導者必須保護所有團體成員的個人權利和尊嚴。

文化的差異會影響成員在團體中的討論議題，他們可能不是準備好，就是不願意探討這些議題。對成員的文化在某些方面如何地影響他參與團體中的討論，團體領導者應儘可能地敏銳覺察出成員所提供的線索。

設計出一些技巧，以製造機會讓成員討論自己文化的某一面向，例如，和一位女性協同領導者處得並不好，這位女性的協同領導者非常坦率，並會將她心中所想的表示出來，但志龍的文化背景則使其習慣於用較婉轉的方式溝通。他和這麼一位心性如此率直的女性相處特別感到困難，因為在他的文化裡，女性應該是安靜和謙卑的，而且女性也不應與男性分庭抗禮。他告訴領導者，他一定要討論這個情形，因為他在團體外也遭遇了與有自信的女性相處的問題。另一個成員玲莉，她希望有個機會讓其他成員知道，她努力使其他人關心她的經歷。她的文化背景強化她對其兄弟姊妹的照顧，但並未增強她向其他人要求對她的照顧。所以這是她很難接受團體成員給予她關懷的

原因,也是為什麼她竭盡所能地關懷每個團體成員表達痛苦難過的原因。

在有機會讓其他人瞭解文化給予他們的教導,以及這些訓誡如何影響他們在團體中的行為後,志龍和玲莉均覺得較被其他人瞭解。在他們覺得其他人瞭解自己的文化參考架構之後,所引薦的技巧將強調文化主題的挑選,和幫助這些成員決定他們要以何種方式來調整他們的行為。志龍嘗試比較坦率的行為,並且告訴女性協同領導者她對他的影響,而玲莉則試著以一種新行為來告知團體的成員可用那些方式來關懷她。

我們強調在團體中出現的文化資料時,可以邀請個人指出其文化的重要面向。以下是我們的建議:

- ·「告訴我們一些有關你的文化背景,以及你覺得它是如何影響你在團體中的參與。」
- ·「如果你覺得許多團體成員對文化的看法與你不同,你會找出這些人,並告訴他們每一個人,你對這些事情有不同的看法嗎?」
- ·「有時,你會想像回到自己的家園,生活在所屬的族群團體中嗎?如果試著向他們解釋我們是一個什麼樣的團體,你會說些什麼?」
- ·(對特定的人):「我知道許多團體成員的問話背景與你的並不相同。你有興趣想知道我們對於你的文化所做的假設和刻板印象嗎?有人說了之後你可以回應你所聽到的,而且從你那裡能多找出一些方法,使我們能重新思考過去所下的結論。」

這類技巧的重點即是將特定的文化題材帶到台面上來,如

此一來，便能公開處理潛在的衝突與誤解。如果這些議題持續潛藏著，不去考慮它，也不去做回應，便可能阻礙了團體凝聚力的發展。雖然，在全人的關懷中，成員應該彼此分享，但成員也同樣是彼此不同的個體。團體是人們學習如何瞭解、欣賞和尊敬不同文化的理想場合，同時也是他們可以找到彼此相關共同點的處所。

引用技巧

我們認為注意技巧的引用是很重要的。技巧的說明要到何種程度？如何邀請成員參與？如何處理不願接受這個提議的案主？

一、解說技巧

你不能很詳細地向案主說明所要引用的技巧、引用技巧的理由，和想要的結果是什麼。如果你這樣做的話，會使技巧變得一點用處也沒有。例如：一個冗長的說明會阻礙資料的流通，或對一個預期的情緒反應做說明，「如果你們做了的話，你們將會感受到一些痛苦和哭泣的情緒」，就可能會使案主在表達和討論這些感受上，變得做作而很不自然。在我們帶領的團體裏，通常不對結果做說明，因為我們無法確定會發生什麼。例如：一個婦人說她覺得她可能太吹毛求疵，所以我們就引用一個活動，鼓勵她去批評。基於我們的預感，的確批評性是她人性的一部份。雖然，我們約略知道可能的結果，但是我們讓過程去證明是否我們的預感是正確的。我們並非在暗示有關技巧

方面的事情都要很神秘。一部分原因是團體成員要準備參與討論技巧，以及如何讓技巧的使用符合成員目標。我們說到團體的限度是著重在自己本身——我們要使用技巧到什麼程度。有時我們會提到這個技巧在治療中帶給我們的經驗。這種解釋不太會降低技巧的效果，並且可能會大大的減少案主對技巧的恐懼。

二、邀請成員參與

在習慣上，我們要邀請成員，並且只有在我們覺得他們同意的情形下，才能照著技巧進行活動。我們比較傾向使用像「你願意依照這個更進一步探索嗎？」、「你願意試試這個嗎？」、「我有些想法，可能可以協助你更瞭解你在說些什麼，讓我告訴你這是什麼，然後你再看看願不願意照著做」。特別是我們與不同文化背景的案主一同工作時，我們要以邀請的態度表達對他的尊重，並鼓勵他們挑戰其價值觀和行為。如果我們在團體中協助強華時，而他的文化背景與我們不同，我們必須承認因為這樣的差異，可能將他的部份行為解釋為「抗拒」。例如，他可能在團體中非常沈默，卻很用心，而且他會從我們那兒找到忠告，以因應其問題的方法。我們不用很快地將他設定為疏離的、抗拒的和依賴的。反而，我們應繼續瞭解他特定行為可能包含的意義。如此一來，我們可能認識到他的沈默代表著一種尊重。可能他的文化教導他不應把注意力的焦點集中在自己身上。同樣地，他也可能已經先預設好條件，從他認為具有威信的人身上來尋找方向。基於尊重，經由強華的幫助所蒐集到的資料，使我們能夠站在一個比較好的位置上，在不違反他的文化規範下，協助他從團體中滿足他的需要。

三、案主排拒心理的處理

　　如果案主他不想參加時，那麼我們可以說：「不知道你是否願意說說為何猶豫的原因？」如果仍然拒絕時，通常我們就不再邀請他，但是我們會記著這件事。如果以後案主談到他從團體中得到的東西不多時，那麼我們要指出他過去是如何的沒有意願冒險做些不同的事。一方面我們澄清確定我們的立場是基於案主不應被煩擾或被迫做他所不願做的事；另一方面，一個團體常需要對一些案主使用壓力，才能去處理問題。

　　要注意我們必須是真誠的請求案主說出為何他不願參與的原因，而且我們不要很刻板的將案主的不願參與，就看做是抗拒行為。我們要認定案主的許多行為是否為抗拒，必須小心地去求證。我們剛剛所提到的強華的案例，就是一個說明如何以尊重而非質疑的方式來處理成員拒絕參與的好例子。

　　我們認為大部份的「抗拒」可視為是案主所提出的警訊。通常大多數的案主都會願意談他們不願意的原因，而幾乎不可避免的這會導向到團體的重要問題上，諸如：對某些特定成員的信任與不信任感覺，或者可能是對領導者的信任問題。於是，敏銳的領導者在此時可能會放棄技巧，或者引用一個不一樣的技巧，以求能適當地討論缺乏互信的主題。例如領導者可以說：「我願意與你一同努力，但我不知道該如何進行。你已經告訴我們，你覺得在這裡不安全，那或許可以說明為何你不願意繼續一些活動。真希望你願意告訴我們，怎麼樣才能使你在這裡感到安全。你願意對團體裡的每一個人說（包括你自己）有關一些使你容易或會感到很難信任的事？」這技巧可以為團體帶來好的結果；增加凝聚力和願意依照未來所提出的技巧活動。

領導者也是人

　　我們要強調在團體的進行中，領導者個人融入的情形。在催化團體過程這一方面，領導者的特性、個人的內在能力和生活哲學是比任何技巧還重要。做為一個領導者的你，是超乎你所擁有的一切技巧之上。就這一點來說，當你創造一個不屬於你特質的技巧時——那麼你是引進一個不屬於你的東西。例如：你是屬於比較柔性的人，而你引用一種攻擊性強的技巧，那麼這種歧異性將有可能抑制團體的發展。你可以將自己的人格特質做為自己的治療風格。你可以適當地運用自己的風趣幽默。你的玩笑也能成為如何幫助團體的一個主要部份。不論你呈現的是何種人格特質，很重要的是要記住，最佳的治療工具就是不同面向的你。

　　帶領團體的人要經常在每一種可能發生的事件裏，尋求技巧的使用。他們過份依賴技巧來脫離困境或使團體往前發展。而這樣做將會使他們變成刻板化的催化者，而忽視成員所組成的團體是最有力的資源——他們的心理反應、價值和表現出來的行為。

　　我們希望你能擁有團體如何發揮功能的知識，那麼你才能學習必要的技巧和技術，而在實際的團體工作中發揮你的知識。還有你這麼做的時候，你的技巧變成你個人風格的表現，並且是你獨特所有的。我們希望你接受我們在這些章節所說的，並且創造你自己的變化形式——發展出只適合你口味的食譜。我們這樣做是在提出一個試驗性的態度，並鼓勵你以嚴肅

的態度，嘗試運用技巧，以不同的方式來處理團體中的問題，然後慢慢的學到你適合用什麼技巧，而不適合什麼技巧。

要如何使用技巧，才是你個人獨特的方式？我們以下的建議會增強你去使用技巧，並且將協助你得到一種只適合你人格的技巧。

一、注意自己

檢視自己的團體經驗是一個好開始，這些檢視包括看看你對團體所帶來的影響，也包括評估你的融入程度、方向和示範你對成員期望的意願，以及你心理上願意和他們一起的程度。對回應團體，你有多大的精力？做了多大的準備？如果你是樂於調整自己的人，那麼你將在團體中敏感地調整自己。如此一來，評鑑團體活力的最佳方法之一，即是當作氣壓計一般地，學習評估自己的活力。

二、學習信任自己

學習信任自己是另一種尋求適合自己風格的必要工作。如果不相信你自己的預感，你會躊躇到底要不要嘗試某種特定的技巧。發展這種信任感的方式之一，就是願意遵從你的預感，並嘗試我們所提出的各種技巧。如果一種技巧無法奏效，結果不會是糟糕的。老實的承認技巧或活動沒有什麼效果，常常是把你自己從那個情境拉出來的最好方式，否則會變得更糟。過於擔憂犯錯，顯然並無益處。如果你不願意犯錯，或你在行動之前要有十全的把握，那你將失去許多採取行動的機會，而你的案主也是一樣被剝奪機會。我們承認我們的呼籲是在鼓舞勇氣，而有意願允許犯錯。

三、做個榜樣

　　確保你所使用的技巧能夠反映你的人格的另一個途徑就是做個榜樣。當你想法和感受出現時，請你能注意到它，並且願意把它說出來。如此一來，團體就比較能接受你溝通中所顯露的情感，以及所表達的想法。你透過自己的示範，打開一條路給成員表達他們自己。例如：假使你感到哀傷，並表達出來。你這樣做的能力和意願，可以觸及有相同感受的案主，並再同理他們（empathize with them），可以協助他們充分探索哀傷的經驗和感受。你的行為可以做為觸媒，協助成員探索他們的感受，而非切斷他們的感受，如果你不怕強烈的情緒，以及如果你一直和成員分享他們內在的心理感受，那麼其他成員是十分願意去面對和處理他們內心的掙扎。

　　做榜樣主要是透過領導者表達自己所遭遇的經驗來完成，不是只在激起成員感受的技巧，而且是邀請成員去接觸他們的經驗。在這裏的一個潛在危險是你可能表達你自己所關心的事比成員還多。如果你發現有此情形的時候，你要問自己：「是否我在利用團體來達到自我放縱的目的？」、「我是否在對自己做個人的諮商？」你的自我開放應該和團體的進行有關，而且不應該佔用成員的時間。好的自我表露應該是催化團體內的互動和成員自我探索，而非讓成員挑起你問題的重擔。

　　除了鼓勵成員表達他們的感受之外，也能透過示範的過程影響成員的行為。透過你自己示範特定的行為，你可以使成員擴大在團體中行為表現的範圍，團體領導者可以透過自己的方向，來教導成員走那個方向；透過你的表現，可以鼓勵成員給予他人敏銳的和誠實的回饋。如果你示範非評論的面質，表現

出你對被挑戰者的關心，那麼你的成員就會學習如何以同樣的方式，去面質另一個人。透過你的開放，能引導他們分享經驗。

你的熱忱在團體中是具有感染性的，你的熱忱和心理所表現出來的，對他們就是很有影響力的示範，將會使團體往前邁進。你的活力和熱忱的程度，就是你的團體能發揮功能到何種程度的一個指標。

總之，如果你能與成員在信任的基礎上維持關係，技巧就更有影響力，這種信任最好透過你表現行為時所投射出來的個人內涵而產生。換言之，技巧無法離開領導者的人格和與成員的關係，而自行產生效能，技巧被接受與否，是看領導者使用它的態度而定。

結　論

在本章我們所要講的要點是技巧有何價值和重要性，並且要小心的使用它。因為能夠立刻使團體產生進展的技巧，似乎是以不正常手段來得到的。團體領導者可能會很固執且刻板的使用它們，或未能去探索它們所帶出來的東西。技巧應出現並用在情境中。它們不應該被記憶，再強迫用於團體過程中。我們主要關心的並非讓你擁有一些花招，而在鼓勵你發明創造技巧，擴展你自己和你的敏銳性。我們當然不是鼓勵你去記住本書所討論的一些技巧，而是希望你能用本書做為工具，增強你自己衍生技巧的能力，並且對你所創造出來的技巧，能夠思考其原因和可能的結果。

若是你不繼續閱讀第二章，而直接翻閱第八章摘要時，我

們相信你會覺得本書很有用。第八章列出關鍵性的意見和概念，提供我們好好複習第一章所給的資料的機會，並加深這本書的提醒，以做為瞭解自己的哲學和領導團體方式的基礎。

問題與活動

在每章之後，都有一節問題和活動。希望你能用來複習那一章，並且澄清你自己的立場和整合你所讀到的東西，或是你會比較喜歡花時間在思考我們沒有提到的問題，但是我們列出遠超過我們所能思考的問題和活動。任何人都可能會有興趣進一步去探索。我們鼓勵你讀完所有的問題，然後選擇一個你最有興趣和有價值的問題，把它們修改成符合你自己的興趣、你的案主對象和團體情境。如果你用本書為教科書，許多問題與活動，適合小團體討論、角色扮演、論文問題和辯論題材。而活動可以在試驗性團體中嘗試。

1.你如何對技巧下定義？你認為在團體過程中，使用技巧的適當角色看法為何？
2.擔任一個團體領導者的時候，在何種情況下你會使用技巧，當時你是否會思考它的適用性？你是如何使用技巧，以符合你所看到的團體情形？
3.對於我們太過擔心技巧取向的考慮，你的意見如何？
4.我們認為在團體工作中，有些因素遠比技巧來得重要，如果你贊同這個主張，你想可能是那些因素呢？
5.你對於事先安排好如何進行團體工作和讓團體自行決定他們

自己的學習內容，有何看法？舉一個例子來說明可能適合事先安排好活動的對象。

6.你對事先計劃團體活動，以及在團體中將技巧視為刺激、互動的工具這件事，你的看法如何？

7.請舉出幾個技巧可能干擾團體過程的例子。

8.為求配合團體中不同文化背景的案主，你會用哪些方法來挑選技巧，而非只是對案主運用預定的技巧？試舉一些刻板的運用技巧的例子。

9.你將如何對團體宣佈所引用的技巧在團體中無法奏效的事？

10.身為一個領導者，在什麼程度內會認為所帶領的團體是結構化和指導性的團體？而你會如何運用技巧來反映這個團體的結構？

11.我們都知道專業關係的重要性，有那幾種方式使用技巧會使關係變得模糊不清？

12.你對案主防衛行為的看法如何？你認為自始至終打破這種防衛行為是合適的嗎？

13.你的團體工作理論為何？有那些技巧適合這個理論？

14.你會在何時、以何種方式向案主說明你所提出幾種技巧的理由？而關於技巧，什麼是你不會向成員說明的？

15.你對抗拒的瞭解為何？你是否把抗拒行為只看做是在迴避事實？其理由為何？你是否視抗拒為不願意去面對問題？你會如何處理抗拒？

16.那些技巧不可以用在精神病患的團體？青少年的團體？兒童的團體？年長的團體？

17.我們強調領導者個人人格特質的重要性，你對此事的看法如何？你認為那些特質對領導者而言是最重要的？

18.你有自己的經驗和特質，那麼你對你有權利諮商別人的看法如何？如果你團體裏的一個成員這樣問你的時候，你會說什麼？

19.如果你對團體目前的情況沒有信心，那麼你這樣的態度對你所領導的團體會帶來何種影響？

20.你有做為團體成員的經驗嗎？這個經驗在你自己本身、團體過程方面和團體領導能力方面，給你那些啓示？

21.有那些方法可使你對於選擇最適當和最適合自己人格的技巧，有最佳的學習？

22.何類的線索是具有典型性質的，可以做為對特定的人引進一種技巧的預感基礎？

23.你所用的技巧，其正確性和適當性有多高？那些事會使你無法嘗試不同的技巧？

24.你想在本章加入那些討論題目，並且你的說法是什麼？

　　最後，我們建議你以這些問題來回顧與思考每一章的內容。閱讀完每一章後，重讀問題，並選擇其中一個你喜歡的問題做深入思考，或在課堂上討論。

第二章
使用團體技巧的倫理思慮

在進行討論特定的技巧之前，本章希望先討論一些在團體工作中使用技巧的倫理性思慮，焦點在討論團體中使用技巧的責任。濫用技巧常常不是由於對成員缺乏關心，也有可能來自對技巧潛在效果缺乏認知。本章主要內容不討論團體工作中一般性的倫理課題。相反的，我們主要關心的是運用技巧牽扯出來的特定問題。

- 團體之準備與規範（提供有關領導者、團體結構與功能，以及基本政策等資料）
- 領導者的動機和理論的立場（技巧誤用的各種不同方式，以及領導者對他們引用技巧之理由）
- 運用技巧來避免接觸的作法（如避免直接處理成員或一些領導者感到不舒服的資料）
- 不適當的壓力（來自同輩和領導者的參與壓力，攻擊性和面質技巧的誤用，強迫接觸的問題）
- 不適當的情緒淨化（catharsis）
- 使用身體接觸技巧時，保護成員的倫理問題
- 使用技巧的能力是否足夠
- 運用協同領導（coleadership）模式倫理上的考慮

在本書中，我們鼓勵你在擔任領導者的時候，要以真誠自然和突破創新的方式運用技巧。雖然我們希望你有能力運用技巧和構思運用技巧，但是你還需要在創造性和小心謹慎運用技巧這兩方面取得平衡。從我們的角度來看，團體工作的形象因為不負責任的實務工作者，而蒙受打擊。他們大多心術不正或以不適當的方式運用技巧。我們的立場是如果你有好的學術背景，受過良好的督導，擁有團體工作的一些技巧，你不要濫用

技巧。無論如何，團體過程的知識和催化團體的技巧，均爲有效團體領導的根本。

團體的準備規範

就像是在序言中我們提到的，你會注意我們在本章中經常會參考團體工作專家協會（ASGW）頒佈的團體領導者倫理指南。因爲團體工作專家協會站在領導地位，擬訂一套實務工作者專業和倫理指南。

一、提供團體有關的資料

團體工作專家協會的指南清楚地提到，團體可能的成員在承諾參加團體之前，有權得到關於團體的訊息，以便決定是否要成爲一位參與者。

適合團體使用的技巧，端賴團體目標與領導者資格的合格性。預期參加團體的成員和轉案的機構，應被告知有關目標和領導者的資格。如果團體是針對一般大眾做宣傳說明，那麼特別的對象、主題或諮商的型式等，在設計時就應該弄清楚。這是給單身者的自我覺知團體、新寡者的支持團體或學校中學習困擾的青少年行爲修正的團體；團體進行的次數要有限制，或是只要有興趣就可以一直繼續下去的團體，這些目標需要進一步弄清楚。

被安排參加團體的案主，也應該被告知領導者的專業資格。我們並不贊同領導者要有高級專業學位的看法，例如要有某方面團體工作的心理學家執照或專長。我們認爲團體領導者

要擁有關於人類行為的知識、深度的個別治療之專業訓練，以及密集督導的團體工作訓練經驗。同時，團體領導者要透過督導者和其他專業人員對他能力的評估，而使他對自己的限度有現實性的瞭解。

在設定團體的目標與計劃使用的技巧之中，領導者應該知道他想探索的資料與問題需有關連。當他們對每一種想要用的特定技巧沒有經驗時，那麼他要先對一般性技巧有經驗，或是在督導下學習這些技巧，或與熟悉這些技巧的人合作。

只要可能的話，領導者可能採用技巧的種類，也應該對成員做說明，而這些技巧應符合領導者所接受訓練和經驗層次。領導者不應該認為只要擁有相關的專業學位和執照，就保證他們個人或經驗上可以使用任何技巧。他們不應該認為強調學位，就已經對他們的資格提供完整的資料給案主。如果重點是在某些特別的技巧上，諸如身體方面的活動，領導者應指出他運用這種技巧的資格，或參加過這類研習。領導者無法證實他們接受過這些訓練，那麼可能會誤導將要參加團體的成員。

想要對每一種技巧多加說明是不智之舉。但是可以告知領導者的一般風格，如果領導者想要採用不尋常的技巧，如高度情緒淨化技巧（如深呼吸、情緒釋放程序或用來瓦解抗拒的攻擊性技巧）等，成員應該要瞭解這些技巧的用意。

一些有關團體在這方面的考慮，可以用文字表示或做宣傳，我們認為在成員的過濾選擇和會談過程中，就是團體成員知道有關團體目標和領導者訓練一個最好的時機。我們將在下一章討論這個部分。

二、使用錄音帶和錄影帶

通常記錄的設計是用來做為訓練和給予成員回饋。我們知道有些教授在使用這些需要訓練的技巧時，沒有很小心地進行，如未能強調保密和讓學生知道誰將會用這些資料。沒有團體成員的瞭解和表示同意的話，就不能做記錄。成員必須知道為何每次活動要做記錄或錄影，那些東西會成為記錄資料，並且如何來使用這些資料。如果記錄將被用來做研究，或將會在實習時被督導者和學生聽、看或批評，成員有權利事先知道。

常常領導者發現錄下團體活動的情形，並且允許成員在下次活動前看看錄影帶是很有用的。不過錄影帶最後要洗掉，並且只有團體成員和領導者才能夠使用。如果記錄的規劃是只在此種方式下使用，那麼這是很好的方式，可讓成員知道他們在任何時候，一旦覺得它影響了活動的參與時，就可以關掉它。

領導者要有警覺性地讓成員來運用記錄，應該注意有些成員難以因應回顧活動記錄所帶來的情緒感受。在任何情形下，有關記錄的使用政策，領導者應在團體一開始的時候，就讓參與活動的成員知道。

領導者的動機和理論基礎

一、要留意動機

我們關心那些用技術保護自己，或為了滿足自己的需要，而利用權力或控制成員的領導者。如果領導者無法覺知自己的

動機，將會有各種不同誤用技巧的方式出現：他們可能對某個成員施加壓力，使他們能表現被期望的行為；他們使用技巧的主要目的，是想使參與者對他們有高超治療技巧之印象；他可能暗示成員不要探索他個人覺得受到威脅的感受與問題；他們可能使用高層次面質技巧和活動，以挑起成員的攻擊性。所有這些情形，都是領導者的需要變成最為優先，反而是成員變成最不重要。

領導者所潛藏的東西是存在他的心理態度之中，他的無能、恐懼或無安全感，都是透過他製造一種給人全知的或強有力的印象，而加以偽裝的。他把他真正的感受隱藏起來，只有與他所要創造的形象相符時，才投射出來，並且他能夠選擇技巧來保存此種幻覺。

有時候連有經驗的領導者都無法及時認清自己使用各種技巧的動機。當運用技巧已變成固定模式時，就希望在對領導者的治療或督導中能指認出來，而協同領導者也能夠指出這種固定的型式。如果領導者沒有督導或協同領導者時，他應有回顧團體的習慣，對他的需求和動機保有警覺心。

二、處理超人的形象

團體成員常會誇大領導者的力量與智慧，在領導者之權力慾被挑起來時，將使他想非倫理的增強這種認知。避免這種增強的方式之一，就是對提議要用的技巧之目的加以說明。雖然對一種技巧做進一步說明時，會造成迷惑，不過可以視情況讓成員來發問，然後領導者再說明技巧是要做什麼。例如，世榕說他覺得在團體中被隔離，並感到孤獨。當團體領導者要求他到另一個房間時，世榕問起原因。此時，並非堅持要他「就是

去做」，領導者可以簡要地做一個說明：「我要使你那種被隔離的感覺變得很突出，然後才能探討它。」在這一點上，領導者不需要對使用此種技巧的其他理由做說明。例如，領導者可能有種預感，世榕是典型的像個小孩子一樣被趕出房間，而這種活動可以喚起他兒時的感受，然後才可以將這種感受和目前的寂寞連接起來。這種預感在一做解釋的時候就會消失。如果有需要的話，可以在事後加以解釋。以這種的方式解釋技巧，會使人對領導者產生是超級巫師的不良印象。通常成員之間的信任感增加時，才增加挑戰性技巧的使用。

三、要有理論的基礎

雖然領導者常常無法預估技巧使用後真正的結果，但是他們可以在心理上預估可能會出現什麼。如果督導者、同事或成員問起「你為何選用這種技巧？」、「你希望得到些什麼？」，領導者應該要提出說明其使用該技巧的理由。一個領導者比較無法做到的事，是鉅細靡遺地掌握每件事，以及充分利用時間，而非提供結構領導。我們並不是力促領導者要全心全意地思考使用技巧的理論基礎，那將會使他們變得膽小和不自然。但是知道技巧使用的目的，而能夠成為後天的特性，以及要有配合預感的自發性能力。

使用技巧的理論基礎應該基於案主所表現的整個形貌。雖然沒有人會記住每一個線索，但要將全部心力放在記住案主參與團體活動中，不同時間裏所說過的關鍵性話題上。例如，有一次夢霖提到在親密關係中有恐懼的感受。在另外一次團體聚會中，夢霖沒有表現參與，他癱坐在椅子上，並且似乎要睡著了。往後某一次團體活動裏，他說他覺得團體中的人對他很冷

淡。此時，領導者可以請夢霖癱坐著，並且看起來像要睡覺的樣子，然後要他對每一個人說一句話，「讓我離開你的一種方法是……」。在此例子中，領導者使用技巧的理由是——他把已經發生的狀況連接起來。在這個方向下，就採用此技巧。

運用技巧做爲逃避的設計

一、逃避成員的面質

在最近的一個研習會中，我們親眼看見有些案主試圖提及領導者的合法性，結果是案主被要求假裝領導者，坐在一張空椅子上，直接對椅子說他所關心的事，而非直接對領導者說話。這是領導者直接逃避案主，產生他真誠地與案主互動意願的倫理問題。這種行爲反應意味著對團體領導者而言，案主沒有合法的權利，案主所說的，只有神經質的情感轉移（neurotic transference）。如果案主被誘導相信領導者是超乎常人的話，是無法增加他們的人性。

另一種常交換出現的情形是對團體領導者表達憤怒時，而領導者的反應是「我很高興你能把感受表達出來」。這一種反應是擺起架子，故意表示不接受。使人想起領導者是保持自尊，放棄和對方做心靈溝通。在督導學生領導者的時候，有時發現他們被案主的憤怒情緒嚇到了，特別是直接針對他們而來的憤怒。他們採取不面對處理他們的憤怒的方式。偶爾他們的處置剛好可以很快地掩飾衝突或逃避。例如在兩個成員表達憤怒的情緒之後，某位學生領導者建議他們相互擁抱，試著以

「正向感受」而不是以擊倒對方來感受。本質上，這是要求他們假裝衝突不存在，而非探討到底怎麼回事。由於領導者的不舒服，二位成員沒有觸及他們真正的問題。在督導的時候，我們把焦點放在這位學生領導者的內在心理動力，包括他任何衝突和生氣時的行為表現。他承認在家裡他從未被允許有生氣的感受，更不要說公開表示。他不很瞭解他在團體中引用的技巧會破壞成員試圖處理他們的衝突。當他談到帶團體的想法和感受時，他瞭解到個人的限制如何影響他協助成員彼此以誠實來面對問題的能力。

從上面這個例子可以看到，當團體中有衝突出現時，要直接承認且公開處理。領導者不要用技巧把成員的感受隱匿起來，而是要催化他們直接互動。如果衝突不能公開呈現，衝突將一直存在著，而且會使情況更糟糕，最後會使團體沒有生產性。未能被指認的衝突會成為隱藏性的團體議程，必然阻撓團體互動的效能。每天都會遇到人們已經被制約成要避開面對或處理衝突。當衝突在團體中開始醞釀時，自然會想躲開。這整套的動作太熟悉了，並沒有教導處在衝突情境中的人如何以不同的方式來好好地處理。

二、逃避領導者的恐懼

一些領導者採用技巧來掩飾他的恐懼，或不願意去探索團體目前的話題。這種轉變的情形出現在團體成員彼此之間有距離或有敵意的時候。

我們當中有人督導一個正接受團體領導訓練的成員，很顯然地，她對團體中未解決的衝突感到煩惱，突然她用一個引發幻想的遊戲，要求成員閉上眼睛，做深呼吸，「放鬆心情」，

然後引導成員回憶愉快經驗，接著要成員看看自己處在一個心所企盼的環境中。約十分鐘過後，一個成員秀萍終於說她有話一定要說。因為她感覺到她好像「快要爆炸」。當她講出來之後，她是在生寶鈴的氣。但她沒有感覺到寶鈴不允許她處理她的怒氣。隨後，很快地每個人都開始談論，在寶鈴引介幻想活動希望他們放鬆之前他們所感到的敵意。在這次團體聚會結束之前，成員終於開始開放表達隱藏在內心中的反應。團體中每一個人學習到技巧可以用來破壞團體的努力，也可以藉由說出他們的差異來發展真誠的凝聚感。

如果要團體上的親密感成為真誠的，那麼是要花時間去培養。如果領導者覺得缺乏親密感而感到擔憂的時候，有可能會用各種技巧，試圖強迫產生一種錯誤的親密感。例如，在一個團體中，領導者要成員擠成一堆。如果有什麼技巧可以用在此處的話，我們的建議是將成員分散到房間的各角落去，然後讓他們談談有何感覺。換言之，領導者應試圖讓情況變得清晰，甚至誇大所發生的事情，而非用一些生硬而不自然的方法，嘗試去克服自己的不舒服感受。

在另一個團體中，領導者請二個互有敵意的成員握手，並且彼此說些正面的話，他要求他們假裝衝突不存在，而非去探索到底是怎麼一回事。當領導者有不舒服的感覺時，他們不會讓真正的問題浮現在他們之間。當團體中出現問題時，我們認為應直接承認，並公開處理。如果衝突不能公開化，那就會潛伏起來，並且逐漸惡化，最後會造成團體完全停滯不前。

其他有關領導者濫用技巧以逃避內心不舒服的情形，常發生在團體出現尷尬的時候。例如，團體可能死氣沈沈的、長時間沉默、成員不夠主動、以好幾種方式表現抗爭等。有時在這

種情形下，我們會建議領導者直接處理這種現象。不顧一切地想要讓團體進行順利的時候，有些領導者就會想用互動技巧，或直接問成員問題。我們認為這些技巧掩蓋許多潛在豐富的題材。訴諸技巧來逃避這些情況的典型，是顯示領導者有焦慮存在。

以較廣泛的方式討論倫理上的考慮是基於：一個團體教學上最主要的事情，是能夠協助成員學習面對和表達內心所想的和感覺的。如果領導者用技巧來削弱或掩蓋團體動力，那麼他們是想要塑造一種看法，即有時候我們要逃避感受。

總之，如果使用技巧以取代真誠的探索，應該保持著警覺心。同時，引用技巧的時候，應用來確實呈現團體中所表現的情緒、認知和行為，並且避免因為領導者的不舒服而用技巧來減損這種情形。

不當的壓力

一、不參與的自由

有些領導者常使用互動性的活動、溝通活動和非語言活動，以助長團體的互動。例如，領導者要求成員配對，然後進行身體接觸活動，或是以非語言方式對他們的夥伴表達感受。如果領導者不夠小心，很容易造成期望全體成員都參與這類活動的印象。這樣的領導者將落入侵害成員內心敏感問題的危險情境中，不尊重成員有權利不參與這個活動。領導者不能只是在團體活動開始前說說而已，如果沒有給成員選擇，或因為有

些人覺得別人都這麼做，而感覺有壓力時，成員是有權可以不參加的。領導者要能做到真正接納他們所提的意見，而成員只要覺得情況合適，隨時可以停止參與活動。

我們通常請成員針對個人的有意義資料來避免這個問題。如果成員帶來他想要處理的問題，就可以增強他掌握任何出現問題的可能性。進一步說，我們一直認為成員可以在任何時候停止問題的探索。有時成員自己先說出痛苦或有威脅性的事情，然後卻又說他們不想進一步探討它。通常我們會探究他想要停止的心理需要，這樣我們可以著重在探討成員感覺威脅的因素上。他們可能不信任領導者可以處理未來可能會發生的情況；可能對團體沒有足夠的信任來探討此問題；可能擔心他會看起來像傻瓜；可能害怕失去控制而無法恢復冷靜。當成員決定停止討論的時候，我們可以告訴他如果稍後他想回到這個問題上，我們希望他能說出來，那麼這個責任很清楚就在成員身上，由他們決定想要在團體中討論些什麼，要討論到什麼層次或深度。把責任放在成員身上是建立安全感的因素，也是尊重他們的象徵。

不過這個問題有另一方面的看法，即我們假設人到團體來，都會需要一些壓力，才會去探討問題，所以這個任務就是在適當的壓力和非倫理的強制之間如何取得平衡。甚至一個領導者很勉強地說「你確定你不要做這個？」或「如果你只是試一下，然後想停下來就停下來，那會怎麼樣呢？」，這些都無法負起維持一個有生產性環境的責任。領導者對案主是否接受此一開放探索問題的技巧，需要有警覺心。不過在倫理上領導者也有尊重案主拒絕的責任。我們的習慣做法是尊重案主的拒絕，但是試圖探索案主拒絕的原因。

在這些例子中，大都依賴團體結構和目的，甚至依賴我們與某一個案主的關係。一個已經建立的關係，可以使你知道是否已經處理了棘手之問題。倫理上的問題重心是要以尊重來處理已出現在團體中的資料，甚至更重要的是根本上尊重案主決定要探索什麼，以及到何處為止。

二、來自他人的壓力

領導者有倫理上的責任，要處理對不適當的同輩團體壓力，尤其在他們已經保證沒有人在團體中會被強迫做自我表露或參與活動，更應該有所行動。團體工作專家協會在此一方面的重要指南是「對身體親密威脅和不當的同輩壓力，團體工作者要儘可能保護成員權利」。與此有關的一個指南是澄清團體目的是協助成員找到自己的答案，而非強行去做團體認為他應該做的事。領導者可以對團體壓力做評論；可以提出需要強制參加的說明，而把焦點轉向那些施加壓力的人身上；可以請那些人談談為何他們要給其他人壓力，「你似乎想讓倩茜說得更多，你願意告訴她為何這對你很重要嗎？」、「你可否告訴成員，如果你無法使倩茜照你的方式做，你將會有何感覺？」、「你在團體之外希望某人做的，與你希望倩茜所做的是否有關係？」。在提醒團體尊重無意願成員願望下，想瞭解運用壓力的人的感覺，以及想知道處理這種感受會有何結果。

三、面質技巧的誤用

偶爾團體的領導者會濫用權力，對某個成員用直接的技巧。一些領導者的權力感，來自於把成員集合起來，或以問題轟炸他們，或故意讓他們產生防衛的心理。在我們督導的一個

團體中，領導者以叫某位特定成員的方式開始團體，並且整個團體過程的注意力一直停留在此一團體成員身上。他相信這種技巧對抗拒者有效，他假定這種壓力會瓦解他頑強的防衛。雖然可以用面質的技術來解除成員的抗拒或防衛，但是我們認為不可以無限制的面質成員。當領導者採取連續發問問題時，這位成員多半會把他關閉起來，其他成員會重新表現問題行為，而失去信任的氣氛。剝奪成員深入探索之機會，代之而起的是成員只是在想如何適當的回答他們問的問題。面質需要在關心案主目前所遭遇到的困境下使用，而不是領導者拿來當棍子，鞭打成員使其順服。

四、強迫觸摸身體

運用觸摸身體做為技巧，涉及好幾方面的倫理問題。在某些例子中，領導者使用接觸身體的技巧來滿足自己的需要與幻想，而未能敏察團體成員的需要。領導者可能在他的生活中缺乏身體觸摸或身體上的接觸，而期望透過團體來獲得補償。

身體接觸的另一個倫理面是和潛藏的人為做作有關，常被視為產生親密感的捷徑。有些案主被觸摸時，覺得不舒服，或是認為要有某程度的親密，才可以被觸摸。雖然身體的接觸會逐漸增加親密感，具有治療上的重要性，不過應該透過尊重參與者心理的準備程度來做平衡。我們並非阻止團體中自然的身體接觸，但我們很少引用技巧明顯地要案主去做他們不願意的身體親密。當團體發展出親密感和願意冒險時，身體接觸自然會增加，而不是被強迫這樣做。如果有二個成員拼命的想要認識對方，而打破他們平常的藩籬，身體接觸的技巧只是順水推舟完成這種有意義的親密必要的工具。

身體接觸的最後一個倫理面是來自於當領導者被要求觸摸一個他覺得有心理距離的人，例如，這種要求是在領導者扮演對方父親或母親的時候。此時，團體領導者有職責要表達真誠，一部份理由是因為不誠實將會傷害許多案主，另一部份是此處的倫理問題是要對案主誠實，並做誠實的表率。當領導者忽視對誠實的約定時，案主會感覺得出來，並且當他們沒有從領導者那兒得到直接的回饋時，他生活中缺乏親密感的原因，就沒有得到解釋的機會了。

五、不適當的情緒淨化

有些領導者過於急切的以案主情緒強烈的程度，作為評估團體過程成功與否的基礎，並且由於自己個人的原因，急於使人有情緒淨化的經驗。高度情緒狀態很容易使他們變得戲劇化。情緒的表達過程的確是團體過程重要的要素。但它的危險性在於無法預見個人情緒淨化以後，會有什麼結果。更進一步的說，團體領導者和成員會期望每個人應表現強烈的情緒，如果不是這樣，就是某種程度的失敗。我們想起有一個成員是在休息時間裏，找領導者談他的害怕，因為他還沒有情緒淨化的經驗，所以一定沒有從團體中得到什麼。

在情緒淨化的倫理問題中，包括下列問題：誰在情緒淨化時得到滿足──領導者、團體或個別成員？領導者是否清楚情緒淨化的意義，或其可能導致的結果？團體有足夠的時間引發情緒淨化所帶來的間接影響？團體領導者能敏察對於成員要求情緒淨化以為治療的可能和因為要演戲之間的奧妙關連？

領導者尤其應該有所覺知，他在何時利用情緒淨化來滿足自己而非案主需要。團體工作專家協會提醒不可以犧牲案主來

滿足領導者個人專業需求。領導者可能喜歡看人生氣，因爲他希望自己也能這樣做，所以他非倫理性地使用技巧，迫使成員去碰觸生氣的情緒，以便產生憤怒的感受，而將團體重點擺在憤怒上；領導者也可能運用技巧迫使成員對其他人只表達正向和溫暖的感受，或迫使成員退化到孩提時候，以表達他的寂寞感，或挑起團體內的衝突。倫理面的考慮重點不在於這些情緒的表現是不合法的情緒，或的確是大部分成員偶爾會生氣、寂寞或感覺被拒絕，問題在於領導者利用技巧把成員的這種感受引發出來的需要程度是如何。「誰的需要爲先，誰的需要被滿足——成員或領導者？」此一問題需要常常提出來反省。

六、同意離開的自由度

有些領導者贊同成員從團體開始到結束有權利離開團體，而另一些人強烈地認爲一旦成員對團體有承諾時，就有義務要留下來。領導者對此問題的態度和政策，應該在團體初次聚會時就清楚地表示出來，或在團體聚會開始之前表示更好。對於此一議題，領導者可以遵循團體工作專家協會（ASGW）的兩條原則：

> 成員有權離開團體，但是在離開前他們要瞭解讓領導者和成員知道他要離開的重要性。在成員考慮此一選擇之前，領導者要和成員討論離開團體所可能冒的危險。
>
> 在離開團體之前，團體工作者鼓勵成員（如果適當）討論不想繼續留在團體之原因。如果成員運用不當壓力迫使成員留在團體中，領導者要介入處理。

我們的立場是案主有責任對領導者和成員說明他要離開的

原因。其理由如下：成員離開團體而未能討論他認為有何威脅或負向的經驗時，他將會受到傷害。同時，由於對某些回饋的誤會而離開團體，對成員也是一件不幸的事。另一方面，如果其他成員認為因為他們說了些什麼話，或做了些什麼事，而使某些人離開團體，會使他們感覺受到傷害。想離開團體的成員能夠對每個人提出原因，那麼我們可以給大家一個求證的機會，認為應該對他的決定要負擔什麼的責任。另外，我們要告訴成員，他們有義務出席每次的活動，並且他們決定要退出團體時，必須通知我們。如果成員考慮退出團體時，要鼓勵他們說出來，因為公開承認，必然可以提供一些極重要的資料讓團體來共同處理。我們不要用一些方法讓成員辯解，或受到不當壓力才留下來，我們應強調他們的離去，將嚴重影響整個團體，尤其他們沒有解釋而離開的時候。有時會遇到成員想離開團體，而領導者相信離開團體對成員是沒什麼好處的。碰到這種情形，提供轉介其他協助的資源會是比較好的做法。

使用肢體活動技巧

身體觸摸的技巧，就像打枕頭、用手比鬥、彼此推或擠、闖進或突破圓圈等等，這些技巧常常無法事先預測其結果。顯然的以象徵性方式表現攻擊性感受是有它的價值，但是事先要有警覺心。領導者引用這種技巧時，應保護案主和其他成員免於受到傷害，並且準備處理活動所帶來未能預見的方向。此處所關心的事不單純是案主身體上的安全。如果案主是害怕情緒表達會有什麼不良的後果而長期壓抑它，結果在團體中表達情

緒時，真的失去控制而對別人造成傷害，其恐懼感將會增強。一般而言，我們避免讓整個團體進行肢體活動是安全上的考慮，我們只有在處理所熟悉的個別案主時，才比較會使用肢體技巧。

團體領導者引用肢體技巧應有足夠的經驗和訓練，要瞭解其過程和結果。在我們鼓勵領導者嘗試使用技巧時，我們也看到一些危險，即領導者沒有考慮就使用自己沒經驗過的技巧，或是使用容易產生一些爭論性問題，而他們卻不知如何處理的技巧。只是靠閱讀並嘗試引用新技巧是不夠的，新手只有在直接的督導下，或他們與有經驗的諮商者協同領導團體時，才可以用這方面的技巧。

除此之外，領導者應該不要誘使或迫使案主進行肢體活動。在團體中以邀請成員的方式，並給予他們迴避的選擇，是有絕對的必要。領導者可以對成員解釋活動，讓他們心裏有數後，再問他們是否想要試試看，並且採取安全措施，而將負向結果的機會減至最低。如果不常使用肢體活動技巧，考量使用此一技巧的潛在價值和冒險是必要的。

對用來釋放強烈情緒的各種身體接觸技巧，許多領導者相當有興趣。這些方法的典型，如各種姿勢或動作的快速呼吸法，或配合聲音（呻吟或叫喊）的呼吸。的確這些技巧是真的強而有力，成員所產生的強烈反應，可能會嚇到許多成員，甚至是初次運用此法的治療者。除此之外，這些技巧是帶有生理上的危險性，如生理疏放。

此一中心倫理的問題是領導者的能力。在下一段內文會說得更清楚。領導者未準備處理強烈情緒時，就不要用技巧來誘發它。一個更要注意的問題是領導者對案主的瞭解，足以判斷

用此一技巧做情緒淨化是合適的。這些技巧的引用也需要在時間充裕下進行，包括有追蹤時間，以便可以完全處理被引發出來的情緒。我們不愛用技巧引發不存在的情緒，只有在案主準備表達情緒或有相當強的情緒存在時才會引用。最後我們要記住，在深思與以人為鏡，並且更明確清楚情緒的狀況下，人才會有成長。故我們堅持認為不可誤以為需要而用身體接觸的技巧。

讓我們看看一些肢體技巧活動，以便瞭解使用它們的時候所冒的危險，是否有潛在的價值去冒險呢？這是問所有肢體技巧活動的好問題，因為這些技巧在引發情緒或產生資料方面，可能很有用，但這些價點必須要被危險性的考慮來加以平衡。

一、向後倒

這是一個有時用來製造信任感的技巧，其要團體向後倒，而由團體中的另一個成員來接位他。通常我們不願意用這個技巧，因為我們寧願直接處理成員缺乏信任感的問題。如果使用這個技巧無論如何，去接的人必須要有足夠的力量，因為背部受傷的危險性是很明顯的。

二、緊緊的把人抓住

有時候成員可能說：「我只希望能擺脫我的父親。」一種能夠用來誇大他這種負擔的感受和拋開父親期望的技巧，是讓領導者站在他背後，去抓住他。領導者可以像他父親一樣說道：「我永遠不讓你離開，我喜歡你軟弱和無助，我將永遠黏著你，讓你站不起來。」很明顯的，這個活動是用來引發他的情緒，去挑戰他將他父親的期望拋開。如果領導者不小心和強

壯得足以處理他潛在的身體攻擊行為，領導者有可能在受傷、地毯破裂、甚至骨折或斷齒的情況下結束活動。

三、把人壓在下面或把人圍住

這個技巧是由幾個人把一個人壓在地上，或把他圍在圓圈裏面，讓他想辦法突破。由於成員被壓在下面，很明顯的有危險性存在，可能很難呼吸過來或用力過度，使心臟承受不了。所以要成員參加此種活動，領導者也應該知道他的醫療史和他目前的健康情形。其他成員也可能在想要圍成較緊密的圈子，以及很用力地想讓成員留在圈子裏面的時候，受到傷害。

除了身體的危險外，這種方法會帶來強烈的情緒——那種成員未準備處理，或超過領導者有效處理的能力之外的感受。進一步說，這種技巧可能打開團體內成員無法掌握的強烈情緒，尤其是如果領導者不知道如何處理這種未曾解開的情緒時，更易滋生問題。領導者主要的關鍵在確定是否團體準備處理潛藏著爆炸性的資料，以及領導者有能力協助全體成員有效地處理他們表達出來的任何感受。

四、推、擠和摔

如果領導者引發成員表現口語和非口語的憤怒，就可以用推的技巧，但此時要考慮物理環境。我們有人曾看過一個沒有經驗的領導者在團體裏推擠一個年輕人。當他推的時候，還斥責這個年輕人軟弱，並說他什麼都不是，只是一個會抽噎的小孩。他是在一個有薄且大鏡子的小房間裏，使用這個技巧。領導者或成員都有可能失去平衡，而把對方擠到鏡子上去。不知道該領導者是不曉得身體有受傷的可能，或者他想要製造戲劇

性的效果，甚至大於他對潛在危險的瞭解。

　　如果用擠或摔的技巧，其餘的成員要護著銳利的角或突出的東西，或其他可能有危險的設備。領導者應該避免用這種技巧，除非他受過訓練，而且體能上能處理可能的結果。就是沒有受傷，這種活動可能會有負向效果，怕失去控制或情緒無法控制而感到驚慌的成員，會將自己封閉起來。

五、高層次的生理情緒疏導技巧

　　有許多領導者對此種有時稱為情緒放鬆或生理能量技巧（bioenergic）感到興趣。此種技巧在於誘發強烈的退化和原始的情緒（primal emotions）。基本上是以各種動作或姿勢，加上深或快的呼吸，以及呼吸時伴隨著聲音（呻吟或叫喊）。此種技巧的確強有力，能產生強烈的情緒，讓案主或其他成員或第一次用這種技巧的領導者感到害怕，加之這種技巧，如生理疏放（hyperventilation），均帶有身體危險性在內。

　　運用這種技巧重要的倫理問題是領導者的能力。領導者沒有準備處理強烈的情緒表達，則要避免採用可能引發這類情緒的技巧。進一步要關心的是領導者必須相當熟悉案主的一些東西，用來判斷是否一個引發情緒淨化的技巧是合適的。這些技巧也應該在有足夠的時間下運用，包括追蹤（follow up）的時間在內，才能完全處理迸發出來的資料。我們較不願意對整個團體用這個技巧，只有做為一種工具或手段，進一步處理案主已經準備表達的情緒感受。我們也不單只為了使團體進步，而引用此種技巧。

運用團體技巧的勝任程度

　　或許與使用團體技巧最基本倫理有關的是團體領導者擁有的能力水準。團體領導者不應運用未受過訓練的技巧，或未受過諮商者督導而熟悉的處置方式。其他有關團體工作專家協會使用技巧的指南如下：

- ·團體工作者應有明確的理論取向，以引導他們工作和提供他們進行干預時的理論基礎。
- ·領導工作者應有量度技巧潛在衝擊性的訓練。
- ·團體工作者要能覺察有修正技巧的必要性，以符合不同文化和種族團體獨特需要。
- ·團體工作者協助成員轉移團體中所學到日常生活中。

　　這些問題不單單決定某人是不是有能力的團體領導者，還需要在考慮何種人和何種性質的團體下，要有何種能力。

　　有一種方法可以使你的技巧知識能跟得上發展步調，即讀專業期刊和選讀團體工作的書籍。瞭解你所工作的人群也很重要。僅僅是讀完學位教育方案中一門團體工作的課是不夠的，沒有辦法保證你能夠處理有挑戰性的特定人口。訓練性的研習會能提升你團體領導的技巧。

　　接受我們訓練的學生，常擔心他們所知是否足以有效運用各種不同的技巧。我們不建議草率地運用能使成員很快地進入狀況的技巧，我們比較鼓勵受訓者在安全的環境下，嘗試不太會導致情緒較為強烈反應的技巧。最基本的原則是所接受的訓

練，一定要在擔任成員時經驗過各種團體技巧。只是閱讀本書中某一技巧，觀察教授運用技巧，或指示討論技巧的運用，均不能使受訓者有技巧或有信心能適當和有效地運用技巧，因為我們相信團體工作經驗的價值。我們鼓勵學生尋找和參加他們可以擔任成員的團體。這種配合選課和接受訓練研習會中的督導經驗，已被證明有非常大的價值。

協同領導

我們喜歡協同領導有好幾個理由。多一個領導者可以多一些讓團體能發揮功用的方法，尤其是男女的搭配中，成員可以從二個角色模範得到東西，也可以學到二種或更多的領導風格，以及從另一個領導者不同的看法中得到東西。當我們一起領導團體時候，我們會把我們看到的和經驗到的東西，大聲地說出來討論。這給成員一個機會估量我們所說的東西，例如，如果團體似乎走到某個地方，協同領導者可以簡單地對對方說說團體的目前處境，並且開放地分享他們的感受，也可以談談他們認為團體的需要為何，或認為應朝那個方向走。

從協同領導的有利觀點來看，每一個人能建立另一種風格，並能夠互補和擴大對方的影響力。協同領導者在每次團體結束後，可以互相提供有價值的回饋，能分享團體中所發生事情的印象，能對特定的人或團體中的特殊關係，帶來二種透視性的瞭解，也能對下次團體的方向一起做計劃。當二人之間形成一種互害的關係，而阻礙團體進步時，就產生倫理上的問題。例如，團體領導者之間有尖銳的差異，而要求團體選擇要

那一邊，或是領導者競爭性的迫使成員參與技巧，而目的只是爲了要想證明自己的本事等。爲了避免這種問題的產生，協同領導者之間需要建立一種以信任、合作和尊重爲基礎的關係，使他們能發揮像一個人的功能，並且具有和諧與尋求成員利益爲團體協同領導之特色。在此種關係下，基本的目標並非在於實踐領導者的需要，而在提供多樣化的服務給成員。

結 論

在這一章裏，我們已討論了團體中使用技巧有關的重要倫理性問題。最重要的一點是，如果未能適當地或敏察性地使用技巧，技巧將會具有傷害性，可以在身體或情緒上傷害參與者。倫理上所關心的是技巧是否只是像花招一樣的使用，或並非用來服務參與者的需求。對團體負向的看法，大都來自技巧的濫用，或來自使用技巧替代團體根本上是真誠與關懷人性的互動場所。

問題與活動

1. 你認爲對於可能參加團體的成員，在進入團體之前，應否給他們資料？如果需要的話，那些資料不要告訴他？
2. 爲了能成爲一個有倫理的領導者或協同領導者，要有何種訓練經驗？是否應先當成員是作爲團體領導者的先決條件？當團體成員時，你會希望有何團體經驗？

3. 想像在某個場合裏，團體成員漸漸減少參與你所提議的技巧或活動，說說看你會有何反應。在不同的團體發展階段上，這種拒絕有何不同的意義？

4. 描述一個特定的團體情境和案主，並且當案主問起「這技巧是想幹什麼用的？」時，你將如何說明？

5. 我們認為領導者要有理論上的基礎，以支持他選用一個技巧，你同意嗎？想一些你曾經在團體中使用過的技巧，你是基於何種道理來用這些技巧？

6. 在團體中衝突未能公開表達的時候，你認為你會怎麼做？一個領導者會不會引用技巧來偽裝對自己能力的恐懼感？

7. 你如何教導成員用建設性的態度面質他人？面質與攻擊之間的不同為何？

8. 你認為心理上的冒險是團體參與所需要的一部分嗎？請解釋。與團體工作有關的重要冒險為何？你會採取何種保護措施，以儘量減低冒險？

9. 一個案主遵從你所引用的技巧，然後說她想要停止時，你會想去探索她要停止參與的原因嗎？理由為何？

10. 在何種環境和條件下，你認為適合某位成員離開團體？請說明你的立場。

11. 請說明團體保密有多重要？你使用那些技巧與你這個解釋是否有關連？

12. 有那些我們沒有談到而可能誤用技巧的方式？

13. 說說你對使用技巧的非倫理性動機的看法。

14. 做為一個領導者，你認為自我表露（self-disclosing）有何優點？可以使你自己製造一種神秘的氣氛嗎？提出領導者可以躲藏在他角色之後的幾種方式。

15.一個成員對你說：「我不瞭解你，我希望你能多說些有關你個人的事，我才能信任你。」你會如何反應？

16.你喜歡何種繼續教育作爲提升團體領導技巧之方式？

17.在決定是否要接觸成員身體時，你認爲很重要的考慮有那些？

18.對於包含有身體接觸技巧在內的事前計劃，請說明你的立場。有一個或更多的人反對時，你會如何處理？如果你要引用一個包括身體接觸的技巧，你這樣做的原因爲何？

19.你發現你自己引用許多身體接觸和親密的技巧，你如何來決定你是否主要在滿足自己的需要或是想要探索案主資料的反應？

20.採用技巧以便在文化上符合不同背景人口群之需求上，要有那些考慮？你如何修訂某些特定的技巧，以符合文化上和你不同案主的需求？

21.你看到你團體裏的幾個成員，在逼迫某位成員說或做些什麼時，你想你對這種情形會有何種反應？

22.你認爲在團體中引用一個技巧時，是否要對這個技巧有經驗？請說明。

23.我們基於某些原因，一直要你保持警覺心，但我們也鼓勵你創造性地使用技巧，說說看你是用什麼標準來調和這二種看似矛盾的建議？何時要有創造性的警覺心？

24.當你是一個領導者時，你可以在合倫理的情況下用什麼方式來滿足你的慾望和需要？如果以你是領導者的身份來滿足需要，你看會有什麼問題？

25.說明你認爲有關團體技巧最重要的倫理性思慮是什麼？有那一點是我們在本章中沒有討論到的？

第三章
團體前準備工作的技巧

在這一章裏將與大家分享我們用來建立團體的一些方法。同時，我們也描述有效的團體工作在招募（recruiting）、過濾（screening）、挑選（selecting）及使成員有效工作的準備事項。成員有權知道團體的目標及程序，領導者也應該告訴他們身為成員的權利與責任，以及領導者對他們的期望。同時，我們也相信如果領導者一開始能教導他們團體進行的過程，成員就能從團體經驗中得到最大的收穫。我們發現如果沒有做好團體的準備工作，團體在開始就會停滯不前，因為他們缺乏對團體的基本認識，以致無法解決衝突。我們的看法是本章所談到的技巧運用就是最好的保證方法之一，它可以促使團體進展。

建立團體

在第一次開始團體工作之前，所需要的是把團體領導者的工作做好。在一個有組織的機構中，例如學校、心理健康中心、精神病院、診所等，團體的組成是要獲得首長支持的。在這種情形下，你會發現寫一份計劃書對澄清目標是非常有用的。如果目標模糊不清，你機構的行政主管和成員將不會樂意接受你要把這個團體做好的想法。有一份考慮完整的計劃書，你就可以利用團體計劃的價值來說服參與者或是管理者。此外，一份詳細的計劃書可以預防困惑與誤解，以免造成團體發生落差。

寫計劃書時，你必須包括下列幾項：

- 你帶領團體的資格為何？如何把你的背景經驗做最好的呈現？

- 這是何種性質的團體？團體的結構如何？
- 領導者在團體中的功能是什麼？
- 為何團體在這個情境下是最佳的工作途徑？對特別的人群，該團體有何獨特的價值？
- 這團體是為誰設計的？
- 團體的主要目標是什麼？
- 團體將在那裏進行？時間要多長？
- 你期待要探討的主題為何？
- 團體參與者所要處理的潛在危機和冒險如何？
- 評價團體目標達成的程序為何？你會設計何種程序幫助成員查看他參與團體所獲得的滿足之程度？
- 你會用何種追蹤程序來協助成員整合所學和評價此一學習？

設計有時間限制的團體：一個說明 (註一)

在我自己獨立開業的服務中，通常提供十六週的團體工作服務。此一團體工作目標和架構的說明，以及給成員定向 (orientation)和模塑特定團體規範之建議如下。

·要有時間限制之理由

此一團體提供教導案主能積極決定什麼是他們生活上想改變之策略，並且提供案主工具，使他們能練習新行為。團體時

註一：該部份是出自派屈克·冠樂南的觀點。

間架構的限制常會刺激成員決定是不是要完全投入其中。這是假定治療的效度和時間長短無關。一些流行的認知行為治療形式設計十至十六週治療方案，正好搭配產生改變。撇開理論上支持較短期的團體工作，還有其他更方案性理由來減少團體工作時間。實務工作者在幫助經濟較差的這些人的經驗中，瞭解到要他們承諾付出時間和金錢是有困難的。承諾十二個月或更長的時間裡，每週出席參加團體一次，對許多人來說是沒有意義的。因為不是他們心理上複雜矛盾，而是比心理上願意參加來說，長時間參加團體似乎還要有更大的承諾，特別是在他們還猶豫不決要不要參加團體時更是如此。

我不是暗示十六週的團體是較差的治療形式，比較適合經濟能力差的人。在處理他們想要處理的事情上，十六週的團體有許多有利的因素。任何團體治療的實務工作者都知道「暖巢症狀」（cozy-nest syndrome）。有些人會沈溺團體治療之中，一直不肯離開，從頭到尾都在處理也許都不會改變的事。十六週的團體逼使成員要在團體中做些事，也要在團體外採取行動來改變他們的生活。成員要決定是否要認真的承諾去改變生活。

·團體形成的要點

團體是由有各種會使人尋求治療師的個人和人際問題之人們所組成。參與者有發展和維持親密關係之困擾。他們有一大堆身體不舒服的症狀，可能自己意識到自己的生命是沈悶的，沒有像四季一樣變化的色彩。雖然他們的問題還沒有嚴重到要去看醫生或住院，但是成員在心理感到「鬱卒」，想要從團體經驗中，協助他們做某些新的決定。以下是設計這種團體的一些要點：

‧要強調出席。如果人們任意離開或參加團體,會使團體強度和信任感降低。當成員把對團體承諾當成因果方式時,就不容易信任團體。如果成員期待十六次有三次或更多次不來,通常最好要他們不參加團體。

‧要提醒成員是在團體中尋找某方面的自己,不只是要和人親近、交朋友或逃避孤獨而已。

‧要告訴成員應該積極表現不同於以往的行為。團體提供某種程度的安全給成員嘗試改變,但是十六週團體時間是短暫的。

‧此一團體有八位成員,每次團體聚會二小時,並且成員能夠訂出聚會之議程,可視為團體進步之現象。除了每週的聚會外,會安排某一時間進行較長的六小時聚會,以提供做更密集性團體工作的機會。

一個對立的取向:長程的團體(註二)

　　相較於短期的團體,如我們剛介紹的團體,我特別對長程團體有興趣。這是心理分析團體所側重的形式,我和我太太一起帶領。我們希望蘊育出一個環境來協助成員瞭解和修正他們潛意識造成他們目前的衝突。這種衝突是有其一定的形式,在嬰兒期的分離和個人性,以及口腔期許多種對立。在這種形式的技巧,源自我們營造出一種穩定的團體環境,然後說明對威脅此一穩定性事件的反應。和我們平常在團體形成上,把已經寫好的訊息給成員不同,在這種類型的團體中,我們不這麼做。

註二:該部份出自麥克‧羅素的觀點。

部份原因是大多數這個團體最先參加的成員不是治療者，就是在治療上有很複雜情緒的人。大多數成員過去都有短期密集團體之經驗。他們通常都覺得在特定的行為目標下有很大的進步，但想要更能抓著一直都存在的內在心理動力。對這樣的團體，不是像發派文獻來分組組成團體。我們舉行一次或更多次個人甄選會議，解釋我們想要提供長期的團體關係，可以成為彼此從中得到對方廣闊的經驗，發展對主題的洞察。

我們會向可能的案主說明，只有在他們願意持續至少一年的承諾時，才會被邀請加入。我們告訴他們參與了第一次的聚會，也就必須參加最後兩次聚會。這種預先準備必須在成員的承諾下被強調。同時這個預先準備也需要強調出席兩週後想要離開時要能事先通告，也要告知成員只要在團體中開始擁有一席之地後，每週就要付錢。如果會缺席要事先告之，這種政策是要讓成員知道，他們是團體重要的一員。成員參加或離開團體是檢查深度感受下不可避免的事，或是擔心已獲得「父母」關注的媒介會被破壞。

如何設置你團體規範的考量重點在於你的目標、人口群和理論取向。

描述設計一個短期和長期團體之差異後，我們現在將進行特殊技巧的討論，使你可以運用到不同型式的團體中。我們的焦點將擺在初次團體目標的重要性，以及協助成員界定和釐清他們的個人目標。我們同樣將對成員的指導原則和建議列出來，以使團體獲得最大的益處。

招募成員

　　與領導者一對一的面談是團體招募志願參與者的最佳方法，因為成員可藉此機會向領導者提出保證。此外，透過一對一的接觸，領導者可以全心地為個人說明團體的潛在價值。

　　領導者不只是與成員會談而已，還可以與和成員有直接相關的人接觸，如同事、臨床專家、老師、教授、精神科醫師、牧師、學校的諮商員、心理學家及社會工作者。領導者的責任在於熟悉該社區的資源。此意味著領導者要培養轉介資源的意願。當然，這可能是招募潛在團體成員最好的方法。

　　在這招募的過程中，可能成為團體成員的志願者有權利知道團體的目標、進行的基本程序、領導者對他們的期望、他們對領導者的期望，以及在參與團體的過程中，可能會有那些冒險和收穫。

篩選成員

　　下一步是決定加入或被排除團體外的成員。有個技巧將有助於我們選擇成員，那就是與每位想加入團體的人個別談話。在個別的會面中，領導者可以感覺得出這個人是否適合團體，而在聽取領導者說明之後，成員也可以決定是否要加入團體。領導者必須瞭解所有的團體不一定就適合所有的人。實際上，有些人的確是不適合參加團體，也無法從中獲得益處，甚至有

害他們的成長。對於適合團體與否必須考慮到團體的目的及目標。讓我們假設一位要加入團體的申請者名叫秀玲，和治療者做半小時一對一的會談。如果她要求參加團體，她可以詢問領導者問題，好幫助她下決定。如此一來，會談將可使雙方做決定。領導者可以詢問秀玲下列幾個問題，以瞭解她的準備情形：

- 為什麼你要參加團體？
- 對於檢視你的人生，你準備得如何？
- 你最想從團體中獲得些什麼？這個團體能幫助你達成你的目標嗎？
- 你希望知道我的那些事情？
- 你瞭解團體的目的與性質嗎？
- 你最想探究那些特殊的個人關心的事情？

　　成員與領導者的個人接觸有助於信任感的建立，也可以緩和害怕的心理，並為未來的工作奠下基礎。當然，此種面談很浪費時間，也不一定都需要，但它卻是值得的。即使是一次簡短的會談也會顯著地降低冒險，並且對整個團體的品質都有幫助。這樣的接觸，可使成員想想自己的期望，對團體也比較有準備。

　　有時，個別性地篩選成員是可行的，例如，你可以在居家照顧的機構中來做作。如此，你的團體也會被限定在居住於相同環境的人之基礎上。在不可能做成員篩選工作時，規劃一些替代策略是很重要的。至少，可以在他們被安置到你的團體之前，先在他們的環境裡與他們做個別會談，並告訴他們過程。如果時間限制，無法做個別篩選時，你可以嘗試團體面談。

進行一次預備會議

除了以上的篩選會談外，我們也爲可能參加的成員籌劃一次預備會議。重要的目的是想讓領導者能更詳細地說明團體的目的，並且澄清參與者在團體中將會做些什麼。預備會議可以提供參與者認識其他人的機會和發現更多的資料，以決定是否要參與團體並給予承諾。

預備會議有以下幾個明確的目標：彼此相互認識；清澄個人與團體的目標；瞭解在團體中進行的程序；瞭解團體功能如何發揮作用；學習如何從團體中得到最大的收穫；討論在參與團體過程中可能有的風險與困難，以及如何使風險與困難減至最低；討論成員間基本的信任感及使團體有效運作的基本原則；與成員一起探討他們的恐懼、期望、希望和矛盾的感覺，並回答他們的問題。在團體的預備會議進行中，成員可能會有一些問題；在此我們提出一些人們要進入團體時，常想到的問題。成員會在預備會議提出的問題如下：

- 「是否會逼我做深入探討，而不顧我感覺舒適與否？」
- 「是否能對我們在團體中所說的任何事情保密？」
- 「如果我覺得驚恐，可以允許我離開該次團體聚會嗎？」
- 「在團體中可能會使用何種技巧？」
- 「在這個團體中，人們通常會帶些什麼問題來討論？」
- 「我怎麼樣才知道我適合待在這個團體裡？」

最後，可以問成員是否決定加入團體。領導者可以允許成

員安排另一次會議來探討是否參加。

讓我們一起來看看有那些問題需要在預備會議中開放的探討（而這些問題也可能在團體開始階段出現）。首先是保密的問題。成員如果沒有確實得到領導者及其他成員的信任時，他們便無法自在地探索問題。因此，成員需要一再地被提醒，他們在團體外無意間談到團體內的一些事，可能會打破其他人的信任感。領導者直接與公開地說明彼此保密的界限是相當重要的。因此，領導者應該先告知成員，他們只要說出與問題有關的事情就可以了。尤其是在管束設施中的強制性團體，例如，如果領導者必須要報告案主的進展情形，他就應該針對這項主題進行討論。保密有其他的限制，例如法令要求要報告疑似兒童虐待或亂倫的個案，或者報告案主或其他人捲入潛在傷害的情況裏。

在預備會議裏要提出的其他基本問題是在團體裏抽煙與吃東西的問題、準時參加、缺席的處理、團體外的社交問題和團體中小團體的問題，以及團體記錄的問題。

在此，最好的技巧是領導者簡單地說明基本的程序與政策，並在團體中進行討論。甚至可以將重要的團體程序與政策影印二份給成員簽名，一份他自己留著，一份給領導者。此一技巧可以澄清並強調要成員依照程序與政策進行的理由。以下是典型的團體基本規則。

基本規則

1. 成員不在活動期間服用藥物或酗酒，也不在藥力的影響下參加團體。
2. 要求成員出席每次的活動，因為缺席會影響整個團體。
3. 成員不可在團體活動期間與其他成員有性方面的牽連。
4. 成員不可在團體中使用暴力或以言詞傷害其他成員。
5. 在成員加入團體之前，必須先讓成員知道他們的權利與責任，以及團體對他們的期望。
6. 成員必須對團體內其他成員所做及所說的事保密。

由於時間的限制，並非所有的團體都會舉行預備會議，所以領導者可整理內容，合併到第一次的團體聚會，屆時，成員可決定適合他們的團體方向。即使你的團體聚會少於六次，一些型態的預備會議仍將很有益處。我們會建議增加一次預備會議為給成員。

未成年父母的準備

若是計劃一個由兒童或者青少年組成的團體時，領導者應該與這些小成員的父母接觸，並且取得他們允許孩子參加團體

的同意書。這個程序在某些方面能用來增強團體的過程。不論如何,告知和獲得父母同意諮商服務,將因學校不同、地點不同而有所不同。

另一個技巧是邀請成員的父母與你見面,你再當面告訴他們成立團體的目的及益處,並且可以討論父母提出的問題。與父母交換信件和當面會談,可避免日後可能突發的問題。事先未曾告知父母,並得到他們的合作,將可能產生衝突。此外,一次坦誠的邀請,可以使父母改變一些對團體的錯誤觀念。例如,一些父母會認為團體討論的焦點是他們的家務事,或是他們的小孩被洗腦。

設定目標

成員和領導者應該在團體開始及每次會議開始時,先為自己設定一個目標以獲得最大的學習。在篩選會談及預備會議時,成員就可開始設立這些目標。本節我們將描述一些在目標設定的過程中,領導者可能會用到的技巧。我們希望讀者不要把這些活動當成是學校作業,反而應該視為是一種方法。這些只是建議選擇的技巧,所以不要把這些技巧全都用在一個團體裏。

在此,我們所討論的準備方法可運用於任何團體,尤其對於需要給予指示的未成年兒童團體特別有用。這類團體比較需要結構化的設計,以助於團體的運作,但必須保持平衡,不要過度結構,亦不缺乏結構。過度的結構,會抑制成員的創造力與其自我的方向,而缺乏團體結構,則會把團體弄得亂糟糟的。

此外，結構化的程度必須考慮到領導者的經驗、訓練和個人的特質。有些領導者適合較具結構性的團體，有些則相反。

領導者必須隨時牢記團體的目標。團體一般性的目標是用來創造一個合適的環境，使成員能達成個人的目標。過程的目標則可包括學習適當的自我開放；與成員分享自己的感受；說出自己的看法；重視此時此刻；表達個人的反應；學習面對關懷與尊重，和學習給予別人回饋。如果成員一開始就知道這些目標，他們就能清楚地瞭解団體對他們的期望，及如何從團體中獲得最大的利益。

此外，成員應該先澄清自己想要從團體中獲得什麼。通常成員對自己的需要是模糊和過於廣泛的。例如，他們想更瞭解自己的感受，能與人有更好的溝通，以及更瞭解自己。對團體而言，很難處理這些模糊的目標。首先要協助成員將這些過於空泛的目標，能轉換成更具體明確的目標。因此，如果成員說：「我想學會如何表達自己的感受。」領導者可以問他：「你覺得最難表達那一類的感受？在何種情形下，要表達此種感受最為困難？你希望做怎樣的改變？你希望有怎麼樣的不同？」

要求成員對其他成員說出他們的目標，可以讓他們利用這個機會，思考參加團體的理由。讓他們寫下這些目標是十分有價值的。我們的一個學生領導者運用在他團體的技巧，是要求成員在第一次團體裏，寫一封信給自己，並在最後一次團體再打開它，並且還可以請他們寫下當團體結束時，他們最希望說的話。然後將這些紙條裝入信封，並決定是否與其他人分享自己所寫的東西。另一個方法是要求成員寫下在半年或一年之後，他們希望做到些什麼，變成怎麼樣的人，然後裝入信封貼妥郵票並封好，再交給領導者。直到團體結束時，再將信寄還

給成員，由他們自行核對。這種方法不僅能讓成員自己決定他們需要什麼，也能使他們學習負責任。這些寫信的技巧，對於幫助成員集中注意力在他們想要的團體經驗是非常有用的，而且他們也會將此經驗運用在日常生活中。

一、準備訂契約

一份完整的契約就是信件書寫的延伸。在契約中，成員寫下想要改變的行為或態度，以及他們願意在團體內和團體外做那些事情，以達到改變的目的。成員可以在第一次會議後，回家再完成這份契約，第二次會議時再帶來與大家一起討論。領導者和其他成員可以對目標是否實際和如何達成，提出他們的看法。以下是一些協助設計契約的原則：

- ·簡潔而明確
- ·陳述行為的名稱
- ·具體可行的
- ·區分短期和長期目標
- ·與一般性的團體目標和團體目的有關

契約並不能視為法律文件，它是一種用來幫助成員把想改善的想法、感受和行為的策略具體化。契約能呈現出他們打算如何做改變，有一個行動的行程表，以及一個因應計畫挫敗的策略。

二、閱讀

依各種團體而異，閱讀對成員有非常大的幫助。團體開始前，藉著閱讀可以使參與者確認自己的承諾和行為重點。閱讀

可以幫助成員檢查自己的生活和他們想要做那些改變。例如，在一個自我肯定訓練團體中，成員可以事先閱讀一些討論常面臨的困難和如何以肯定的方式來處理問題的書籍。

此外，閱讀可以當作對焦的技巧來運用。你可以知道團體中某一特定成員想探索的某一主題，並向他推薦閱讀該主題的書籍。你也可以要求成員從許多自助書籍中，挑選可能對他們有幫助的書出來。或者你可以給予成員一些有關團體或討論主題的書目，並鼓勵他們挑選對他們此時此刻的生活有特殊意義的書來讀。你也可以鼓勵成員重讀以前曾看過而且覺得受益良多的書籍，或是他們喜歡的童話故事，這可反應出他們過去曾經面對的掙扎。閱讀可使成員預先去思考，他們想帶到團體來討論的生活議題。

三、寫日記

在幾種方式中，寫日記可被用來作為團體準備或特殊聚會的附帶工作。成員可每天利用十分鐘記下經歷某件行動的感受、當時情境、行為及想法。例如，一位行事獨斷的案主可以利用寫日記的方式，寫下他要表達自己想法之前內心的感受，以及當時表達的情形（自己感覺如何，對別人有何反應），還有當他覺得自己一無是處時的內心感受，並且自己認為應該如何改變自己的行為模式。

成員也可以回顧生命中的特定時光，並寫下這些事情。例如，他們可以回想童年的景象，在這段期間所包含的一些人物，然後在日記中隨性地記下任何心中的感受。不拘形式，不被檢查地寫日記，有助於情感的對焦。

成員也可以把自己的日記帶到團體，與大家分享曾經產生

問題的生活經驗。他們可以和團體一起探討如何以較好的方式處理這個問題。一般而言,無論如何,寫日記對成員是有益處的,它能幫助成員掌握每次活動重點。成員可以依其所寫的內容,決定自己要做些什麼。

另外,日記中亦可記下每日生活上所碰到的人。例如,莉潔很難與先生交談,她大部份的時間裏都在為他做過或沒有做的事情生氣。但她自己卻是在生悶氣,並對他們彼此都沒有為對方挪出一些時間而感到難過。莉潔不向丈夫表示難過,也不讓先生知道她對於先生不參與孩子們的生活裏感到氣憤。為了處理這個問題,莉潔可以寫一封詳細且不帶責備的信給她先生,內容包括所有讓她感到氣憤、受到傷害、感到難過和沮喪的所有事情,以及她希望他們的生活做怎樣的改變。然而這封信卻不一定要拿給她先生看,寫這封信的目的是想讓莉潔澄清自己的感覺,並且對於團體的工作先有個準備。然後,團體就可以幫助她瞭解自己想要對先生說些什麼話,以及如何表達比較適當。寫完信後,接下來的過程如下:莉潔可以大聲地對扮演她先生的一位成員說出信中的內容,其他成員也可以說出自己對這件事的感受和所受的影響。經由成員的回饋,莉潔可以在真實的生活中,以建設性的方式向她先生表達自己的感受。

另外也有些技巧,可使成員自然地將他對自己在團體裏的反應寫在日記中:

- 我在這團體中的感受如何?
- 我如何看團體中的成員?我如何看團體中的自己?
- 我如何縱容自己,以致無法從團體中得到收穫?當我知道自己挫敗時,我將如何向自己挑戰?

・我會抗拒那些方法？該如何避免？

如果成員能依照上述方式寫下自己的反應，他們就能在團體中說出來。例如，如果成員認為在團體中說出自己的恐懼，會被人認為自己很笨，那麼這個恐懼就會阻止他們分享他們所關心的事。如果他們寫下自己的恐懼並在團體中說出時，他們就會減少被自己的恐懼阻礙進步的機會。

此外，另一個可運用的技巧是要求成員寫下他們對每次聚會的反應。簡短的回顧可以提供他們機會來說明自己的團體經驗，也有助於在團體結束後，對特殊事件的回憶與瞭解。

當團體有了進展之後，甚至在團體開始就寫記錄，是對團體是相當有幫助的。在團體中期時，成員可寫下此時對團體、對自己和對其他成員的感受；為了達到目標，在團體外做了那些工作；如果團體在此時結束，自己會有何種情緒。經由在團體中討論自己的記錄內容，成員可以重新評估自己做到了那些，並且可以鼓勵成員更加投入。

在訓練團體領導者時，我們鼓勵他們在帶領或協同領導團體時，製作慣常的日誌來記下他們自己，以及他們引起的反應。我們建議他們將重點集中在成員是如何獨特地影響個人，而非成員的動態情形。我們推薦下面的問題，提供給領導者寫於他們的目記上：：

・當我在領導或協同領導時，我是如何感受到自己的？
・今天，我最喜歡什麼樣的團體？
・在這次聚會中，我最堅持的是什麼？
・我個人是如何被每一個成員所影響？
・在這個團體中，我的參與情形如何？

‧有任何因素可促使我有效地帶領這個團體嗎？

團體領導者運用日記的技巧，將可在團體中提供個人修正的機會。撰寫的練習將是一個有用的催化劑，使領導者將焦點集中在成員需要持續關注的生活上。

四、使用結構性的問卷

一份句子完成的問卷可包括下列的陳述句，將能運用在團體的早期階段。

‧我最想從團體中得到……
‧在上一次的討論會中，我最想說的一件事是……
‧一想到要在這團體裏待二十個星期，我就……
‧身為團體的一份子，我擔心……
‧我想提出一個個人問題……
‧我經常覺得……
‧我最想改變自己的……
‧我最喜歡自己的是……

這是一個重點式的設計，它可以隨成員提出來的問題而改變。

問題查核表是另一種有價值的工具，它可幫助成員決定如何利用團體時間。例如，對於一個青少年團體，你可以列出一般青少年都會遭遇到的一系列問題，而成員可以記下每個問題對自己困擾的程度（可以是匿姓名的）。如下表便是一個例子。

青少年團體的問題核對表

引言：對於以下的問題，自己感到困擾的程度和能從團體中獲得幫助的程度。

1. 這是我主要的問題，希望能成為團體探討的主題。
2. 通常這是我的問題所在，但我能從團體公開地討論這件事中獲得益處。
3. 這不是我關切的重點，我認為毋須在團體中討論。

- 被同輩團體接納的感受
- 學習如何信任別人
- 與父母相處（或是兄弟姐妹……）
- 對自己的價值有清楚的瞭解
- 擔心自己是否正常
- 對異性感到害怕
- 處理對性的感覺、行動和行為的標準
- 過度擔心別人的期望與自己的標準有所不同
- 擔心自己的未來
- 擔心自己是否能進大學
- 試著決定自己的職業

另外我想瞭解的一些問題是：＿＿＿＿＿＿＿＿＿＿

一份問卷可能不需要這麼精細。例如，在青少年團體中，可以直接問道：「父母希望你在團體中討論那些問題？你自己則喜歡討論那些問題？你的同伴建議你在團體中探討那些問題？」

五、建構重要轉捩點的圖表

　　另一個讓成員先有準備的技巧是請他們畫出自己的生活歷程圖，其中要包括以下幾點：主要的轉折點、主要的危機、重大的決定、新的機會、主要的成就、關鍵性的失敗、重要的人和主要的挫折。成員可以兩人一組，選擇圖中的某部份彼此相互分享，或者成員可以對整個團體說出自己生活中的重要轉捩點。除了圖解表之外，成員可以畫一個分成三部份的圖表：包括「我的過去／我的現在／我的未來」。可能他們所畫的大多是象徵性的。然後成員可以分成幾個小團體，或是直接與整個團體分享其中某些部份。

六、撰寫自傳

　　另一個技巧是要求成員撰寫自傳，對生活中的自己做各種主觀的描述，如童年、青少年和青年前期，可以鼓勵成員強調重大的事件，一直存在的情緒、夢境、與他人的關係，並且與目前的生活情形作一比較。他們多半會特別注意引起強烈情緒的那些事情，因為這些事件所包含的線索，可以讓他們決定是否要在團體中提出來討論。要求成員將焦點集中在既有的特定事件對個人的意義上，而不只是寫下對他們生活事實的描述，將會是一件對他們有助益性的事。例如，一位男性成員可以寫有關於他父母親離婚對他青少年期的影響。他可以談談他的罪

惡感，以及他要對父母所負的責任。另一個年輕的女性成員可以寫下亂倫是如何在她青少年期至成年以後影響著她。讓一個成員可以談談她對中年事業所做的改變，以及她從家庭所得到的批評。她可以寫下來自孩子和丈夫有怎麼樣的負向反應，而且還仍能持續影響著她。使用自傳的特色是可將核心事件帶進團體聚會中，做更深入的討論。

七、使用幻想

在團體早期使用開放式的結構或非指導式的幻想技巧是非常有用的，它可以讓成員說話有重點，提供有關資料，並讓團體中的成員有相互認識的機會。以下的練習，你可以用口頭說明或文字敘述的方式進行：「想像你是一本書，你會以什麼做標題？你的風格型態是什麼？每章的標題是什麼？你的封面及序言是什麼（如何誘使別人來讀你）？你想做怎麼樣的廣告？那一章最難寫？那一章應予刪除？當人們從頭到尾讀過之後，你想他們會怎麼想？」

同樣的方法也可用在團體結束時，要求成員整合團體經驗：「你想像自己是一本書，你現在是否要有不同的標題？從開始到結束，你是否曾做過其他的改變或修正？」

讓成員準備從團體中得到最大收穫

在團體開始時，你可以和成員討論參與團體的一些引導提示，及如何將團體中所學習到的東西用於日常生活中。我們認為成員需要知道團體如何工作，這是為了使他們的參與能得到

最大的收穫。當然，過度的準備也可能招致危險。花太多時間教導成員在團體中尋找什麼和如何行動，可能逾越團體本身應該做的工作。雖然並非每種可能都要顧及，不過團體開始的一些準備是有助於團體進度，並創造成長的團體氣氛。這些準備並不一定得在第一次的活動中完成，大都是在前幾次的團體討論中陸續提到。就許多方面來說，指導團體行為的規則有益於日常生活被期待的行為。團體成員被期待的有表達情感、直接要求他們所想要的、為他們自己掌握時間、允許他們是脆弱的、告訴其他人他們是如何影響他、處理衝突，並為他們自己做決定。許多這些行為的標準與我們大多數人所經驗的社會化過程是相反的。成員需要在心態上調整成如何積極地參與人際團體中。所有的這些準備不需要在開始聚會時來完成。但在前幾次的聚會中，它大多需要去強調和討論。

最好能事先分配好那些是在篩選會談中要說的，而那些是在預備會議中要說的，那些則是在第一次團體聚會中要說的。下表是為社會功能良好的成人所設計的成長團體。這個清單可依成員的特性或團體的型態縮短或修正。

給成員的提示和建議

1.**要有重點**　以你希望完成什麼來確定你想從團體中得到什麼。澄清你的目標，回顧你想特別探討的主題，你想做那些具體的改變，以及你願意採用何種行為，來獲得改變。在每次團體聚會之前，你必須先花些時間瞭解你想在團體裏提出

什麼問題，並且寫下這些對你有幫助的議題。

2. **要有彈性**　雖然有些問題你希望能在團體中探討，以得到幫助。但不可能所有的事都會如你所願，所以要保持適當的彈性。如果你會被團體的其他成員所影響，要有選擇替代進行方式的可能性。

3. **不要等待**　不要等團體時間都過了，你想說和想做的事都還沒說還沒做。若你等待的時間越長，事情會愈變愈糟。因此，要求你自己從開始的每次團體聚會中都要說些什麼。即使對你而言，它在當天的團體中只是一個簡短的陳述。

4. **要有渴望的心**　團體的成功在於你熱切地從事自己的事。這並不是你要獨佔團體的時間，或是只顧自己而忽略其他成員。但是如果你一直不講話，要等輪到你時才開口，或者你非常在意團體應該分配多少時間給你，那麼你就不會自動且熱衷地參與團體，也因此阻礙團體的高潮和生產。如果每一個人都能重視自己要做的事，並負起責任，那麼每個人都會有足夠的機會成為團體的注目焦點。

5. **注意你的感受**　不要將時間浪費在高談闊論上，多和大家分享彼此的感受與想法。如果你除了談論你的理論和觀念之外，什麼也都沒做，那麼你將無法探討生活上的情緒問題。根據經驗，如果你說：「我的意見是……」那你可能就不會著重感情的層面，而且你也無法利用機會經驗團體了。你不需要很努力地引發情感，但如同其他人一樣，你是在團體中的，要讓你自己有可能去經驗他們。同樣地，你是在團體中探討一個主題，用一些方法去呈現這與你個人是有相關的，避免抽取與個人無關的主題作討論。

6. **表達你自己**　我們大部份都喜愛檢視我們在思想和情感的表

達。我們害怕表達不適當，或是時常於誇大或保留太多，而且如果我們表達出來，我們就堅信自己會這樣。事實上，這些恐懼不是沒來由的，但是我們也有充分的理由關心說與不說對我們的影響。從經驗上來看，只在腦袋裏想和把想的東西說出來，是有相當大的差別。如果我們表達了自己的感受，團體正是一個去探索表達後會怎樣的理想地方，這是個相當美好且具震撼性的經驗。如果你對團體有什麼感覺，你就把它說出來。例如，你一直對團體有厭倦的感覺，那麼你就把你的感覺向大家說明。抑制情感的表達，會阻礙團體的進展。

7. **做個積極的參與者**　如果你在團體中扮演積極主動的角色，你可以給自己更多的幫助。一個沈默旁觀者的收穫是有限的，而且也會被別人認為他的沈默具有批判性。雖然沈默者可以從別人那兒學到東西，但是卻剝奪了別人想從他那兒學習的機會。你要瞭解，如果在一些對你很重要的議題上你仍保持沈默，別人將不瞭解你。至少，在某個團體時期中，讓人家知道你是誰。即使你並未做任何努力而使自己成為當時的焦點，你也會對別人之情況有所反應，讓他們知道他們的表現是如何影響你的。

8. **實驗**　把團體當成你的實驗室，你可以用各種方法表達自己的不同面向，而不會覺得不安全與不自在。當你這麼做的時候，你可以找到在外生活，實踐新行為的方式。在團體聚會期間，想想一些特別的方法，使你可以在團體中練習和嘗試那些你想在團體中學得的新行為。

9. **成長**　團體是建立在一個假設上，即不論你目前的生活情形如何，團體可以使你有機會探索自己的感受、價值、信仰、態度、思想和考慮可能的改變，使你變得富足。如果你認為

這種探索方式只適合有嚴重情緒問題的人,那就會減少很多你自己和其他成員的改變機會。即使你目前沒有什麼壓力危機,你未來可能碰到的問題,也值得去探索。

10.**不要期望立即的改變** 如果你真的想在生活上有些改變,那就請你記住一點,這種改變是無法一蹴而成的。如果你碰到挫折,也別對自己太嚴厲。請瞭解要改變一個存在已久的態度是要花時間的。而且當你面臨壓力時,可能會有故態復萌的傾向。相信自己,努力地去嘗試,你就可以看到自己已經有了一點一滴的改變。

11.**別期望別人讚賞你的改變** 也許在你的四周有些人需要別人的支持才有信心。但事實上,我們可能無法由外界得到許多支持,而必須自己來奮鬥。請好好地利用團體探索你在外界所遭遇到的抗拒。最好能提醒你自己,到這個團體來主要是要做到自己想要的改變,而非改變其他人。它可能會使你比較整體地去瞭解他人,或是生活中其他人因你的不同而改變。但別把主要的焦點放在他們身上。

12.**別期望團體裏有人瞭解你** 團體中成員彼此所瞭解的親近感覺,無法每次都在團體外的生活中經歷到。即使在團體裏,有許多方面成員也不一定能瞭解你。他們只是看到你某些面向,其他的部份就不見得能看到。如果你表現的是衝突和受傷害的情緒,團體就會看到這部份的你。如果你覺得你必須不斷地澄清與解釋每一件事,那你就是在浪費自己和其他人的時間。根本不可能讓所有的人能全盤瞭解一件事,那只會使你分散注意力而無法達到目標。例如,你選擇探索因人際關係不佳而產生的負面情緒,而且你又認為需要把所有的關係與情緒解釋清楚,那你就永遠沒有閉口的時候。對你

而言，最好的一種想法就是別人不想且無法瞭解整個事情的來龍去脈。

13.**別期望瞭解其他的人**　如果你認為應該瞭解團體中所有的人，那就會對別人造成傷害。就像你一樣，別人在團體中也是在表達平常沒有機會表達的感受。如果你單純地認為那些表達就是他個人的全部，那你就忘記人的複雜性了。

14.**一次只處理一種感受**　如果你立即地把感受表達出來，而不是讓它一直堆積著，你便可以獲得更多學習新行為的機會。因為當你說出來之後，你就可以利用機會思考你所說的話，而且最好能避免一直不斷地被某種情緒包圍，因為那時你會趕快以另一種相反的情緒來取代這種情緒。在討論一項問題時，你可能有很多的情緒交雜在一起，但是如果你想全心全力面對這項問題，最好一次只處理一種情緒。

15.**避免給予忠告、解釋和質問**　當我們聽到團體其他成員請求對他所做所為給予回饋時，記住，就像你一樣，他們是試圖找尋一種新的方法直接表達自己。但是人們很容易就被別人善意的勸告給掩蓋住，而且也可能因此造成他們的退縮，同時你也會忘了在團體裏是需要表達自我的。如果你提供的不是忠告，而是你自己對那件事的感受與經驗，就比較能為人所接受。同樣地，當每個人都在扮演團體領導者的角色，對問題加以解釋時，那個提出問題的人就會覺得團體中只有他有問題，這會使他有防衛心。當個人面臨別人一連串的追問時，也會變得有防衛心。問問題的目的是想讓人們開放自我，而不是要封閉自我。如果你感覺自己想問問題，試著在問問題之前，先說明你希望聽到回答的理由。讓其他人知道你詢問問題的想法。如果你將自己對那個問題的感受告訴他

們，而不是質問他們，你將能更深入地探討問題。

16. **別說人閒話**　在此是指不要以第三人稱談論某人。即使那個人不在房內，如果你用「你」，而不是用「他」或「她」，那會顯得比較親近些。領導者常鼓勵成員假裝那個人在房間裏，用第二人稱直接對那個人說話。雖然這麼做有時會覺得太做作，但是它常常會導致強烈情緒的表達，而對問題的解決有些助益。如果你懷疑結果是否如此，那麼你可以在你的團體裏試試看。或者想像一個你生他氣的人，先大聲地說「我氣他是因為……」，然後再改說「我對你生氣是因為……」，看看有何差別。

17. **別幫倒忙**　如果你急於幫助正在表達痛苦經驗的人，你就是不尊重他們表達的能力和完全表達他們所想說的話的需要。從你的經驗中，你可能知道趕快把問題解決掉比痛苦地拖著要好多了。但是你必須知道，人常常是在痛苦中成長的。因此，讓他們自己來吧！當然，團體中的互動常不離安慰別人的字眼與姿勢，但是要記住，這都必須等到他們熬過痛苦之後，否則你安慰他們的話聽起來就像他們總是需要一位「母親」來幫助他們。

18. **給予回饋**　當別人表達一些與你有關的事情時，你可以讓他知道你的感受與反應，不管是正面或負面。你直接坦誠地給予回饋，可以增加成員彼此的信任，久而久之，你也會更誠實地面對自己的日常生活。即使你的回饋並不容易表達，或可能難以聽懂，只要他能傳達在乎和關懷的態度，都有效用。久而久之，你也會樂意對團體的其他成員坦率和誠實，而增強信任的程度，並且引導你更誠實地面對每天的生活。在提供其他人回饋之後，建議清楚地告訴他們應該做些什

麼，或他們是如何的人。避免快速地一再給予保證，或是提供他們立即處理問題的方法。告訴他們你是如何為自己的問題努力，會比告訴他們如何解決他們的問題還好。強化回饋將能使其他人對他們的行為是如何影響你，有一個較清楚的觀念。避免評斷人們，但確實讓他們知道，用你的方式會處理他們他們的特殊行為，同時也讓他們瞭解能使你和他們更親近的行為。

19. **避免說故事**　如果你對別人說太多自己的歷史，你會因此而分散了自己或其他人對問題的注意力。要避免述說你自己的歷史故事，你應該表達現在的感受，或是表達已經過去但你目前仍在面對的事情。

20. **誇大**　有時我們會擔心是否太過於著重自己的感受。但事實上只要順其自然就可以，而不必擔心是否誇大了自己的感受。當然你不會想要偽裝自己的情緒，如果你能很自然地表達情緒，你可以對事情有更透徹的瞭解。

21. **接納回饋**　當別人對你的表現給予回饋時，別忘了他們也像你一樣，在嘗試直接表達自己的新方法。在此，你可能常犯的錯誤，不是把別人的回饋視為真理，就是太快地拒絕或反駁。一般最具建設性的方法就是去聽和去思考這些回饋，直到你瞭解其中的意思。

22. **避免諷刺和間接的敵意**　我們參加團體的主要目的之一，是想學習如何以直接的態度表達感受，包括生氣。如果你覺得很生氣，就直接地說出來，不要用諷刺的話，以免別人不知道你到底在說些什麼。如果你是具敵意的，也就是不直接生氣，它不僅只是消極地影響你周遭的人，同時對內也增加了你的怨恨，使人厭惡你。即使你只是學習表達一點點的煩

躁，都有助於降低心中未表達的負面情緒，成為敵意或諷刺的風險。

23.**向團體領導者反應**　成員向領導者反應過去的、理想的或現實的感受是很正常的。經由把探索和表達自己對領導者感受，當成特別的要點，你可以將此種反應轉換成具有助益性，讓他們知道他們所說和所做是如何影響你的。

24.**小心標籤**　注意你用來描述自己的一般化說詞、摘要式敘述和標定自己的用詞。例如，你用「孤單者」和「局外人」來敘述自己，而且你的行為也告訴別人離開你遠一點。這樣的行為和用詞讓其他人真的視你為一個局外人，並在團體中持續下去。因此，當你認為別人正在把你歸類時，你就應該有反應。此外，即使成員曾經用某名詞界定他自己，你也該認定這是個尚待查證的事實。

25.**與你的防衛作朋友**　你的防衛使你成為今天的樣子。然而，如果你想要有顯著的改變，則需要一番調整。重視並且去瞭解你防衛運作的目的。經由合理化、退縮、否認，或將所有的原因歸咎於「我本來就不行」。當你開始瞭解你的逃避型態之後，質疑這些防衛，而且試著以直接和有效的行為來取代它們。

26.**決定自己要開放多少**　為了發現自己的內在，你可能需要冒險地說些內心的話。然而，催促自己參與某件事，常會僅是因為有人似乎期待或需要它。如果你發現對你而言，在團體中分享自己私人的事是有困難的，那麼就讓其他人知道，要讓別人瞭解你對你而言是很難的。

27.**在團體外實踐你所學的**　你會在團體內發現表達自己的新方法，別讓它英雄無用武之地。將新學得的方法適時且小心

地帶進你日常的生活中。從另一方面來說，不要認為你應該
對團體情境中的每一件事表達意見，如同你對生活中的特定
對象所做的那樣，那會成為你自己的負擔。例如，你可以在
團體中對假扮的「父親」表達出你的情緒和受傷害的感受，
而這是你從未和他分享的。如果你重視和父親的關係改善，
則說出任何你想發洩的事和使用在治療中的象徵性方法是
不智的。反而，決定你最想和他說的，特別是你要告訴他關
於你自己的事。為你自己而著手做具有行動取向的家庭作
業，並對自己和團體堅持完成你的計畫。如果經由你在團體
所做的處遇，你開始發覺你要一個較親密的關係，並願意花
較多時間與他相處，那麼挑戰你自己去履行行為的家庭作
業，將幫助你得到你想要的。記住，如果你想要改變，那麼
去做努力，並且在團體外練習都是必要的。

28.**不因挫折而氣餒**　你可以用特別的角度來看你想要的表現
有多與眾不同。不論如何，儘管規劃一個特殊的計畫和承諾
完成計畫，你可能還是會故態復萌，除非克服沮喪和信任自
己，否則你很難改變。你也要對暫時性的退步有耐心。你要
瞭解現在的樣子是許多年累積起來的，即使不再適用，當你
有壓力時，你可能回復到這些舊有的熟悉作風。通常達成你
想要的改變，是一個漫長和令人生厭的過程。

29.**表達好的感受**　有一些情緒是比較容易表達的。團體常傾向
於注重我們的負面經驗。通常我們沒有機會在其他地方探討
負面的經驗，試著逼自己說說這些你常試著去否認的情緒。
但是你不必就此斷定在團體中只能談論問題和衝突，你可以
與其他人分享你的快樂。

30.**思考你所想的**　學習去檢視你與自己的對話，檢定那些使你

覺得不舒服的信念。例如曾經有人真的想認識你，但你卻告訴自己對方不可能喜歡你，或要和你建立友誼，便反映出你是多麼輕易地貶抑自己。你也可以預言自己的自我實現，如此，可以使得你以自己喜歡的方式來行動。一旦你已經確定消極性思考的型態，就把它們帶進團體中，質疑這些信念。你可以學習如何與你腦海中的聲音爭辯，那會使你成為你想要成為的人。

31. **對你做的事情負責** 領導者和其他成員毫無疑問地會對你說的話感到興趣，但別忘了，在團體中達成什麼的最後分析是取決於你自己。別等其他人來找你，試著問你自己為什麼要這些東西，將由你決定什麼是你要達成的，以及達到多少。

32. **熟悉你的文化** 要知道你的文化背景確實使你成為什麼樣的人。找出文化背景繼續影響你的方式。雖然你可以領會在你的文化所得到的價值觀，但是你可以質疑，並對它們做一些修正。你可以問問自己，以既定方式過日子是否還是你的最愛，如果你覺得某些行為已不再切合實際，運用團體來思考你所想要改變的方式。

33. **謹守保密原則** 要記住，在無意間洩漏別人的秘密是輕而易舉的。不要去談論其他成員在你的團體中做了什麼，或他們碰到了什麼。如果你決定和其他人談論團體，就談一談你自己，以及你學到了什麼。任何時候，如果你不確定這是保密問題，就把這個疑問帶來團體討論。如果你因為怕別人會談論而有所懷疑，這種不確定將會阻礙你的團體參與。

34. **發展一個閱讀方案** 閱讀能夠具有治療性，而且也能夠提供治療你的資料。選擇那些能幫助你用新的視野，或是能教你

以新的思考和行為型態，來看自己生活經驗的書。

35.寫在你的日記裡　如果你希望單憑回憶來整理在團體中的
所有經驗，你將可能發現許多你做過的、所觀察到的事情將
會流失掉了。在日記中簡潔地記載，將有助於你檢視自己，
並能保留那些如何成功地達成目標的歷程。

根據你帶領的團體型態，以及成員的本質，你可以規劃寫
一份大範圍的團體經驗。這將有助於成員能定期地保留和回
顧。有一些團體的實務者會爭辯，認為最好不要提供這類清單，
因為成員可以憑努力找到自己的方法。我們並不同意這種說
法。我們的經驗是，當成員未被告知他們可以如何做是最好的
處理時，將可能發生過多的折騰。而且我們也可以看到有些成
員心理上被一些具有敵意的問題、說故事或閒話所傷害，而變
得有防衛心和退縮，成為團體的多餘者。我們認為這種結果是
不必要，也沒有意義的。如果事先能告訴成員應該如何參與團
體，這種情形就不會再發生了。

準備擔任領導者

除了成員在參與團體時應有最妥善的準備外，領導者在領
導團體之前，也應該有萬全的準備。如果你不花些時間讓自己
先有個心理準備，團體就要受苦受難了。舉例來說，每次在帶
領新團體或進行團體前，你應該問問自己下列幾個問題：

- 對這個團體，我做了多少準備呢？我能協助成員嗎？
- 我想帶這個團體嗎？我是否覺得躍躍欲試呢？
- 在個人的生活中，我是否覺得自己做事非常有效率？我要求成員在生活中得做到的事，我自己有沒有做到呢？
- 我是否有專業上的信心？
- 我相信團體過程的存在嗎？或我只是因為被要求才來帶團體？

除了為自己初次帶領團體做準備外，你也可以採用下列之方式，為下一次團體做自我準備：

- 進入團體之前，花一些時間，即使幾分鐘也好，讓自己稍為放鬆一下。另外，再花些時間考慮你想完成的目標。
- 瞭解你自己的想法和感受，才能在工作中派上用場。
- 將你要用在團體的活動與技巧，自己先做一番練習。也就是如果你想要求成員表達對自己的看法與感受，你可以先以同樣的問題問自己。
- 花一點時間，也許是午餐或晚餐，和協同領導者相處。如果你們不能互相配合，可能就必須拆夥。你們可以談談對團體的進行、對成員及對自己的感受。領導者與協同領導者彼此尊重、彼此信任、相互配合，是團體成功的因素之一。
- 挪出時間想想前次的聚會，團體在那些地方偏離了主題？你將如何銜接前次聚會與這次聚會之間的差距？

結　論

　　本章我們討論到促進團體效率的準備方法。我們強調的方法有過濾面談（screening interviews）、預備會議（preliminary sessions）、目標的澄清（clarification of goals）、成員的準備（preparation of members），及領導者的準備（leader preparation）。在團體運作階段出現很多問題，就是因為缺乏適當的準備，例如，沒有澄清團體的性質，或是沒有告訴成員如何參與團體……等等，只要有適當的準備，問題是可以避免的。

問題與活動

1.本章我們強調成員準備的重要性，你是否同意？為什麼？請列出我們要成員看書或寫自傳的原因。

2. 假設你在某一機構工作，且被要求為某一特定人口群組一個團體，你將如何招募、篩選成員和準備成員進入團體的工作？你如何向成員說明你對他們的期望，以及他們可以對你的期望？

3.你要如何設置一個不同於短期團體的長期團體？你所設計的開放性團體和封閉性團體之間會有什麼地方不一樣？

4.在篩選成員的過程中，你會重視那些事？當你在決定排除或接納某個人時，你會用那些特殊的要素？你又要如何告知他（她）不能進入團體？你會提供替代方式嗎？若會，你將會

提供些什麼？

5.衡量自己的專業能力，你認為你可以帶領那一類的團體？而你自己最喜歡擔任那一類團體的領導者？

6.你認為需要有領導團體的專業執照才可帶領團體嗎？請列出你同意或反對的原因。

7.我們討論過預備會議的優點，你能想出預備會議的缺點或潛在困難嗎？

8.如果在預備會議中，有成員表現出遲疑的態度時，你是否會在團體中，公開討論保密的問題與原則，或是說明你自己的規則。

9.在何種情形下，你會違反對成員保密的原則？你如何在篩選面談或預備會議中，向成員解釋這種例外情形？

10.若有位青少年問你是否會將他在團體裏說的話告訴他的父母，你將如何回答？

11.試著對自己感興趣的團體擬一份計劃書，並在課堂上發表，以要求其他人給予回饋。

12.兩人一組，其中一人飾演參加團體者，另一人扮演招募者。十分鐘後，角色對換。或者三人一組，另一個人則給予回饋。然後彼此討論扮演團體領導者與參加者的感受。

13.寫一份有關基本規則的綱目，並與你的同學一起討論，看看你是否遺漏了什麼。

14.我們給予參加者進入團體時的一些建議，什麼是你贊成的？什麼是你不贊成？討論看看。

15.你第一次與團體見面時，有位成員問你他如何才能從團體中得到最大的收穫，你該如何回答？

16.你認為團體成員在進入團體前，先澄清自己的目標是很重要

的嗎？你將如何協助成員澄清自己的目標，或者靜觀其變？

17.有些領導者會將自己對成員的期望，以及成員可以對領導者的期望寫在契約上。你認為這樣做有什麼優點？有什麼缺點？你認為這種方法適合那一類的團體？

18.你發現有些成員將團體內討論的事情，帶到團體外討論，你會怎麼處理？

19.你對要求成員閱讀或寫心得與日記的看法如何？如果你認為這麼做有它的價值存在，你會如何向團體提出？你希望他們由此項活動中得到什麼？對於不同類型的成員，你的答案是否也會不同？

20.你告訴成員應有的準備事項是否會太多？準備過度在團體過程中會有什麼結果？

21.我們討論過協同領導者應調整自己的心態，如果缺乏這項工作，對團體會有什麼像徵性意義和結果？

22.對於「團體成員的引導提示與建議」，你有何看法？

23.我們曾提到要求成員寫自傳是使成員重視團體的方法。請你在團體中寫一份簡單的自傳，其中包括生活中的重要轉折點，以及它們對你目前的影響，然後再與同學一起分享。

24.另外一個重視團體的技巧是讓成員把自己想像成一本書。請你自己也做一次這種練習，然後再與班上同學組成一個小團體，一起來分享。

25.在本章裏，我們討論到團體結構的運用。對於平衡過度結構與缺乏結構兩方面，你有何看法？你認為這兩種極端的團體結構有何問題存在？你比較傾向於那一邊？為什麼？請討論。

第四章
團體開始階段的技巧

假使領導者在團體開始前做好準備工作，可以使成員在第一次參加討論時，有個依循方向。由於成員在此階段形成對團體的認同，所以特別重要。本章我們將要探討團體開始階段的一些基本特性，同時也提供催化團體及處置問題成員的技巧。

團體開始階段的特性

　　通常在進行第一次討論時，團體成員及領導者都會有些許的焦慮。領導者會想這是一個什麼樣的團體，是否能有效地處理發生的事情，以及是否能創造有效率的工作方法，促使團體中的特異份子團結等等。

　　成員典型的焦慮是害怕被拒絕、擔心表達自我、如何認識其他新成員，和處於新環境下的不安全感。這些恐懼會混雜在一起，而對他們所欲坦露的特定論題是否能夠確實地表達自我感到焦慮。有時成員也會有抗拒的行為，特別是非自願性的團體。他們可能身在團體而心不在，也可能對團體存在的價值、團體的目的、或者對團體的益處存疑。

　　即使成員心裏想進入這團體，他們也可能不知道如何投入。是否該等領導者邀請，才發表個人意見？應該說些什麼？是否該維持個人的特性？個人較詳細的資料該提供多少？該如何運用團體來瞭解及解決他們的問題？在團體裏該表現與日常生活相同的行為，或是表現不同的行為？

　　信任感是基本的重點所在。成員們可能在內心裏問自己：在這團體裏，我個人是否安全？所說的話會受到注意嗎？能夠冒著風險坦露隱藏的自我嗎？假如表達了真實的自我，他們會

有何種想法？是否真的敢與其他成員分享心理的反應？假如在團體裏有負面的情緒，公開陳述自己的情感是否適當？如果真的表達負面情緒，其他成員將會有何反應？

　　成員也常關心參與團體的結果：這個團體能否為他們帶來不同的轉變？還是只是在浪費時間？到後來會不會發現自己是瘋子或是對自己無法忍受？

　　最後，在團體開始的階段裏，他們會發展團體中的角色，形成權力結構及聯盟、認同；考驗領導者及其他成員；決定是否加入或被團體排除；想要取悅領導者，以及瞭解其他成員的期望。

　　在本節中，我們將討論促使團體開始的技巧。使用這些催化技巧，可以使你聽到一些話，而提供你做為決定團體如何進行的線索。

物理環境的安排與佈置

　　領導者在團體形成前有個重要的任務，就是決定團體的場地及佈置方式，以引導團體工作的進行。在此，有兩個考慮點，一是隱密性問題，一是分心的自由性。譬如，團體領導者由於到戶外討論的非正式性，而認為是個好主意。但是一般而言，戶外討論是分心的來源，並且缺乏隱密性。物理環境會影響團體氣氛，因此，某種程度的吸引力是必要的。假使會議場所沒有窗戶，空氣不流通，或者非常寒冷，或令人覺得很不舒服，那麼成員在探索個人感情和個人問題方面，就會有退縮的傾向。當然有時在財力物力的限制下，無法作妥善的安排與佈置，

那麼應該運用技巧激發成員的想像力，以帶動團體氣氛。

　　座位的安排相當重要，有時桌椅把成員隔開，使他們無法看到對方，或有些人坐在角落和並排而坐等情況下，成員之間有心理距離是可以預測的。有時採用不同的擺設，使成員彼此的眼光接觸和靠得太近，對成員也會產生親密的壓力。此外，太過舒服、非正式的團體氣氛，更容易培養怠忽的心理。有時，團體領導者會不想擺置椅子，因為椅子通常較不舒服，而改用床墊或大而鼓脹的椅墊，並採俯趴的姿勢。也許這樣可以減緩產生高亢的氣氛，但也可能引人入睡。

　　佈置場地該注意的幾個地方若能辦到，領導者就可輕易地掌握某些事件。在此，我們鼓勵領導者做場地佈置的實驗，看看不同的佈置對團體有何影響。

相互認識的技巧

　　引言是開始工作的第一步，視團體的類型而可以嘗試不同的方法。

一、熟悉姓名

　　有種技巧是讓成員介紹自己的姓名，以敘述任何想讓團體知道有關自己的事情。在每個人開始之前，他或她必須重複先前其他人介紹過的姓名。此種技巧，可使成員在短短幾分鐘，經由重複背誦而熟悉其他人的姓名。

二、自我介紹

　　領導者可以要求成員以不同的方式來介紹自己，譬如，他們所介紹的自己，可以是在團體最後階段想要成為的那種人。此種技巧可使成員思考他們自己的目標，讓其他人瞭解到個人對團體的期望，並且給予每個人機會開始探尋自我，或是領導者要求成員努力說出平常不願意說出的事情。這個方法提供機會，讓成員決定在團體開始階段願意冒多少危險。

　　以下有幾個例句，提供領導者協助成員相互認識：

- 「是否每個人都能簡短地談談有關來參加這一次討論的原因？在來之前個人有何想法？有何感覺？如今感覺又如何？」
- 「讓我們輪流說說個人如何發現有這個團體，別人是如何描述這個團體？」
- 「在這個團體裏，你最希望學到些什麼，以及願意付出什麼代價來獲取你所要的？」
- 「是否有人認識團體裏的其他成員？你是否能說明在參加團體之前與這些人的關係？」
- 「如果有的話，在這團體裏你最擔心的是什麼？」
- 「你願意參加這團體嗎？如果是的話，是什麼引起你的動機？如果你不是自願來參加這個團體，又為何被送來這裏呢？目前你的感覺如何？」
- 「你對這團體有何期望？你希望它像個什麼樣的團體？你擔心它會成為怎樣的團體？」
- 「你在諮商或參加團體方面，有過什麼樣的經驗？得到

了些什麼？」

・「誰會對你參加團體感到興趣？」

三、相互介紹

介紹成員的另一種技巧是讓成員配對，讓配對的同伴儘可能的彼此瞭解，如此，才能向整個團體介紹自己的同伴。同伴之間應該避免用刺探性的問題相互攻擊，而是做個主動的傾訴者，並且與自己選擇的夥伴分享自我。此種技巧可讓成員學習向其他人表達自己。此種類型的練習大約需要二十分鐘。當時間過了一半，領導者可宣佈聽者與說者互換角色，否則不喜歡說話的成員在這二十分鐘都只有聽的份，而很少說到自己。在開始互換介紹之前，若有任何事情不願團體知道，成員可以告訴他的同伴。另一種方式不是相互介紹，而是告訴對方他想知道些什麼。然而，如果這麼做的話，成員可以避免把焦點放在對方身上，或告之對方細瑣的事，而比較重要的是成員談他們是如何被影響。

四、設定時間限制

你可以給成員一個計時器，要求他們在三分鐘之內，說出對自己最為重要的一些事物。成員可以把自己過去的經驗、現在生活的重心，和未來的希望拿出來與大家分享，或者分享這時刻的任何感覺。對於前面提過的那些技巧來說，這是一個相當好的連接技巧，因為它可使每位成員都有機會表現自我。領導者可以先行示範，引導成員如何表達自己。若成員沒有反應，領導者帶頭示範是最好的方式。當每個人都輪流過後，就可以開始討論。參加此種練習，即使有強烈自我防衛的成員，也能

輕易地通過三分鐘的時間。此時，領導者最好不要將注意力放在上述成員的身上，以避免中斷這一回合的進行。

這個技巧可以讓你對團體日後的發展，先在心裏有個底。你也能注意到成員如何運用他們所分配到的時間。有些人表達過多的瑣事而超出時間，也有些人很快地表達完而感到困窘。

五、利用配對和小團體

為了減輕成員對大團體的壓迫感，可以要求成員在十分鐘之內，以兩個人一組或三個人一組來認識他們的夥伴，然後，再利用十分鐘尋找另外新的夥伴。視團體大小及人數多寡，可進行二至十次。或者，在互換幾次之後，組與組合併，再繼續這個遊戲。這個技巧可讓大部分的參與者至少有機會與其他人接觸，並且對他們談談自己的事情。運用小團體不同的組合是最佳的解凍劑，同時，也是在團體內產生信賴和開始互動的好方法。最後，你可以集合整個團體，讓成員簡短地分享剛才在小團體中所經驗到的感受。

這些小團體的結構性程度為何？我們較喜歡將重點放在次團體上，甚至他們所討論的是偏離了給他們的主題之外。其好處在鼓勵討論特殊問題，稍後轉至大團體時，可以著重在特定主題上。上述我們提到的任何問題（在自我介紹之下）都可適用於此。

運用次團體會產生派系的可能。因此，你必須促使次團體的成員經常更換。假使在團體內真的有派系的形成，那麼你必須評論團體的這種發展。

六、領導者的角色

團體開始進行成員自我介紹時,領導者應該掌握整個團體。因為這種輪流的方式,每個人都有表達意見的機會,對於單獨的個人並沒有提供支持的標準。領導者有時應該制止成員發問,特別是問到他們為何有此感覺時。假使在團體開始時就建立一問一答的型式,那麼此種問答形式會持續在團體的整個過程中。為維持個人與個人的互動,領導者通常會發現,在回答一些成員們所提出之問題上,以輪流的方式是很有效的。一次只問一個問題可以減少成員被吞沒的感覺。

領導者積極地投入介紹的過程,是為了想建立團體的信任感。他們可以與成員分享在團體中開始時的感覺,說出他們的期望和希望,並且描述帶領團體的經驗,以及視團體的特性而談談他個人的事。他們也可以約略說明帶領團體的收穫,和希望從這團體學到的東西。領導者說出他現在的感覺是很有價值的,因為此種坦述形式可用以建立在成員分享彼此現存的經驗上。

把焦點放在成員的技巧

一、把注意力放在團體過程

當團體開始有一個樣子的時候,很重要的是,領導者要注意出現在團體過程中很微妙的面向,以及教導成員如何認識自己的反應。在第一次聚會中,有時我們要求成員安靜地判斷每個人。我們教他們安靜地把注意力放在他們對每個人的假設、

反應和知覺上。我們總是會強調在這時候不會要他們說出這些反應。我們的目的是協助成員澄清某些他們在腦海中已有的想法和感受，而確實加諸在這些新的團體成員身上。

在開始階段期間，我們特別努力教導成員如何把注意力放在出現團體聚會情境中的行為。我們常在第一次聚會時問：「在團體中你和誰在一起感到最舒適？為什麼？」然後在第二次團體聚會中，我們可能再問一次：「在團體中你和誰在一起感到最舒適？為什麼？」我們會鼓勵成員要知覺某個他最記得的人，或團體外他會想到的人。

當成員是經由「檢查」的過程而認識自己，或在團體開始時說出他要什麼的時候，我們會靜靜地記下他們說話的風格和他們用的比喻。例如有時成員會用生動的言語，說出他內心中某些感受和信念，這些句子如下：「我所害怕的是我在團體中會受到煎熬」、「我聽到團體是要人表現膽量的地方」、「如果我說出來，人會把我活剝生吞下去」、「已經有幾次我讓我自己受到傷害和遭到別人咒罵」，當團體剛開始進行時，我們很少解釋成員的用語，而是記下他說的話，並且如果這種情況持續一段時間後，試著找出這種行為型態和不適應的關連性。

在團體第二次聚會時，通常我們要成員用下面的句子彼此相互檢查：「上周你們有誰回家後，去探索自己？」、「今天早上你們誰有想過和想到團體的情形是什麼？」、「上週在團體中，你的經驗哪些是最突出的？」、「在上星期之中，對我們的聚會你有何反應？」。我們提出一連串問題的基本目的是教導成員把注意力放在他在團體中所受到影響的重要性，以及強調表達出目前仍存留的想法或感受的重要性。在開始階段之中，我們常提醒參與者他們沒有把情緒留在自己心中是多麼重

要。我們告訴他們，我們關心的不是他們說些什麼，而是他們留給自己的是什麼。例如，如果成員已經知道他們害怕說出是因為受到團體領導的壓制，他們把恐懼說出來是有決定必要的。

二、把焦點團體放在團體外的議題

我們已強調要把團體成員的精力集中在團體中此時此地的互動上，我們認為注意兩個人在團體情境中如何表現行為，是可以洩露出許多個人在團體外的行為表現。事實上我們發現，如果我們能夠讓成員處理在一個新團體中的此時此刻經驗，常會使他們表達出他們每日生活中的壓力事件，而他們是因為這些事件而來團體的。但我們也用技巧協助成員把焦點放在團體外的議題。我們技巧的一般目的在使成員能夠更具體地談他自己，而不談生活中的其他人。如果他們談別人，我們會鼓勵他們說出如何受到影響，而非只是詳細地談論他人故事。我們用各種開放性問題讓成員把焦點放在他們想在團體中探索的團體外議題。

- 如果你的現在生活是停頓的，那會是如何？
- 如果這是你治療的最後機會，你會挑選什麼來處理？
- 在你的生命中你現在所關心的是誰？
- 誰讓你無法做你想做的人？
- 你最希望從團體中得到什麼？
- 有什麼特別的想法和信念會干擾你，發揮像你想的那樣有效的功能？
- 什麼感受是關心你的來源？

・如果只有少數特定的行爲是你可能修正的，那會是什麼？

建立信任感的技巧

不是單一技巧或一組技巧就能獨自地建立信任感。誠如我們在第一章裏所強調的，身爲一個領導者，你自己才是最重要的技巧。直接和成員建立信賴層次的主要決定因素，是你屬於何種類型的人及你所擁有的才能。對團體成員運用技巧時，若沒有先建立良好的關係，就會產生懷疑及阻礙的現象。當你注意到成員個人的需求，並以禮（尊重的方式）回應他們；適當地自我表露；向大家陳述你的期望；鼓勵成員直接地相互交談，而你自己也帶頭做；敏察成員的焦慮與不安，並且給他們自由地談自己的想法和感情的機會，就能建立最好的關係。

在團體開始時，有個基本的工作，就是處理不信任感。不信任感以好幾種形式出現。成員們可能不信任他們自己，也許會自問：「我能否信任自己有足夠的能力看清我的未來？」、「能否信任地表達我自己的感情？」、「當我感覺到憂傷或生氣時，我是否害怕情緒會一直如此持續著？」。成員也可能不信任其他人，對於讓他在自我瞭解上感到猶豫的人，產生負向情緒。最後，成員可能不信任領導者或協同領導者。雖然有些成員會自然地對團體領導者產生信心及信任感，但也有部分成員會產生不信任的態度和譏諷的言詞，因爲他們覺得領導者像某些權威人物，如母親、父親或執法人員。

信任感的建立並不是一次即成的，而是一直都在持續進行

著。尤其在團體開始的階段更需要注意，但是它會在團體進行的各個階段，以不同的形式表現出來。我們告知成員其信任感會時有時無；進一步來說，我們不認為團體信任感消失時，就是一個不好的徵候。不過，成員表現出願意承認他們缺乏信任感才是最重要的。團體成員是需要學習越要探索有威脅性的資料，越要以信任感為核心。當然很微妙的信任問題是團體早期階段的焦點問題。我們一直讓成員知道信任感不會就這麼在他身上產生，而比較是他們願意採取冒險性行動，把安全感帶進團體中。我們強調一個好的地方就是成員覺得彼此可以相互信任而能談是什麼讓他們覺得困擾

領導者在處理成員不信任感時，最重要的工作是讓成員在團體裏有很多的機會表達自己的感情。當團體開始進行之時，必須先注意到不信任的問題，並加以處理，否則以後會以各種間接方式表現出對團體缺乏信任感，而團體也將因摩擦而出現裂痕。假使對團體的基本信任感尚未建立，而此時領導者亦過於急切地進行討論事項，那麼，顯而易見的就會產生一些嚴重的問題：缺乏熱誠、沒有活力、沉悶的氣氛等。

想想下面的例子，在早期階段上隱藏於內心之議程，如何暫時性地壓抑團體中的信任水準。幾週前的一個成員建昌，有過一個情緒淨化的經驗，而且許多成員是好像情緒融入這件事。然而，成員再次出席團體聚會之後，似乎變得比上週更有防衛心理，在團體中存在著安靜的情緒。隨著領導者的努力，終於成員說出他們猶豫是否說出來的背後原因。有些人被喬治如此快地表達內在深層感受嚇到了。他們不確定他們這種感受應該如何來表示，有些人不想阻止建昌這麼做。但是他們都知道被建昌的問題深深碰觸到。有些人做了改變卻害怕承認內心

有像建昌「失去控制」的恐懼。雖然有些人想參與討論他們自己的問題，但是因爲恐懼被他人不適當地打斷他的說話而停下來。其他人則感到憤怒，因爲他們感覺他們被吊在那兒，而他們看不到團體做了什麼對他是好的，可以解決他的問題，以及也沒有得到他問題的解答。

最後，仍然在其他案主認爲他們背負自己的「績效標準」之負擔。他們想要在團體中被接受，他們必須表現出許多的強烈情緒，他們害怕如果他們不笑，其他人可能認爲他們只是表面做作或不屬於他們。我們想指出如果成員是真心地願意表達出來，所有的這些反應是高生產性互動的素材。但只有完全地表達和探索這些反應，成員才有可能真正發展信任的基礎。另一方面，如果成員只是坐在那兒都沒有反應，團體就失去其重要性。我們常說這些團體議題沒有談出來，幾乎都會發展成爲隱藏的議程，使團體和個人無法動起來。

你能看到當團體信任感建立起來後，因爲成員能表達他們的反應，而不必擔心受到責難或被評斷時，將能夠主動地參與活動，以獨特的方式表達自己；在團體中或日常生活裏，願意冒險將注意力放在自己而非他人身上；在團體裏尋找個人問題的意義性，也能輕易地說出自己的不信任感及其原因，並能對其他成員提供支持和挑戰。

相較之下，缺乏信任感會有一些明顯的徵兆，低度信任感的一些指標如下：

- 參與者不願意主動處理事情。
- 當他們被要求對他們的反應有所表示時。他們表示他們不願意。

- 他們對自己一直有負向情緒，只和他們的同黨分享或不直接表達他們的內心感受。
- 他們以大而無當的說故事方式來隱藏自己。
- 參與者把他們隱藏在理智之後。
- 他們小心翼翼地把話說不清楚，並且一直把焦點放在他人身上而不是自己。
- 他們過分安靜。
- 他們放更多精力協助他人或給予他人忠告，而非分享他們個人的關心。
- 某些人堅持他們沒有任何團體可以幫他的問題。
- 有些人不願公開處理衝突，或甚至承認有衝突存在。
- 有些人以高度團體壓力做為達成服從團體規範的方式。

當成員缺乏信任感，有時會說評斷性的話，而會有阻遏公開參與的效果。例如某位成員對另一個人說：「你都是向外的，你從不談自己，總是在評斷每個人。」或是另一個成員以肯定性的態度表達被評斷的感受：「如果我沒有正如這麼說，我沒辦法搶先，每個人在這裡都攻擊別人，我不知道我在這個團體中做什麼。」

我們強調建立信任感的要素是無法以活動（exercises）來取代的，我們已將注意力放在發展領導者與成員、成員與成員之間的關係。一旦成員被鼓勵祛除他們的不信任感時，信任感才能透過技巧的運用來激發建立。我們提出一些技巧，可在團體中催化建立信任感和安全感的過程。

一、指認心理的恐懼

　　充分的探索成員對自己、對其他成員、對領導者或協同領導者的焦慮感，是產生信賴感的一種方法。如果他們的恐懼一直存在內心裏，這些害怕會逐漸地顯現與擴大。但是，如果他們能公開承認，將可使他們改變過來，或至少不會阻礙他們參與團體。爲協助成員探尋自己害怕的原因，領導者可以要求他們閉上雙眼，想像可能發生在團體裏最糟糕的一件事。譬如，志豪看到自己正在被團體中所有女人攻擊，而不知道如何回應，他想像自己逐漸垮掉且不停地哭泣。在結束幻想活動之後，可讓成員相互分享他們對幻想的感覺。如果他們喜歡，他們可以分享這種感覺和害怕本身。這種技巧可使成員公開地表達自己的害怕，不致讓這些害怕隱藏不發而至潰爛。我們一次又一次地發現，在團體裏，造成問題的主要原因，並不是成員表達出來的情緒，而是那些未被表達的情緒。

二、恐懼的處理

　　身爲領導者，你必須有計策對付害怕的出現。例如，燕芬說：「我害怕在這裏表現自我，因爲人們會拒絕我。」就因爲無法擺脫人人拒絕她的幻想，因此，她允許整個團體對她的大聲嘲笑，要求她離開，因爲她是如此的糟糕。最後，她便幻想自己帶著最惡劣的心情離開團體。此種方法允許燕芬應用誇大和幻想最壞的結果，來面對她的害怕。另一個方法就是讓燕芬陳述在團體害怕受到的排斥，她承認在大部分的社交情境下，都會感到害怕，因此，她都儘量逃避新的環境，以免受到排拒。另外有一種技巧，就是圍一個圈圈，讓所有團體成員分享燕芬

的害怕。此時，她可以鼓勵成員陳述與她相類似經驗，以及他們自己採取的處理方式。

另外一種處理不信任感的方法，可要求參與者想像採用何種方式，才會使他們有足夠的安全感，以較明白的方式來表達自己。也許有些人會說他們不願再孤獨，有人則想要不受到其他人攻擊的保證，另外有些人則要求其他成員的關懷與支持。然後，分成幾個小團體，各自討論影響他們信任團體的原因。之後，召集整個團體，詢問產生團體信任氣氛的條件，並給予他們時間思考建立信任感的理想情境。

另外一個建立信任感的活動，是團體二人一組一段時間且有一些印象之後，要求成員看著另一個人，並問自己：「如何和這個人相處？我願意對這個人坦誠嗎？」也可以自問：「在團體裏，我感到最親近的人是誰？與誰的距離最遙遠？最容易和最難讓我瞭解的人是誰？」幾分鐘之後，你可以問問成員是否有人願意談談他們的反應。這個活動可讓成員公開表達心中的想法，公開討論這些反應，催化討論彼此之間是如何受對方影響。萬一成員對另一個人感到懷疑或保留時，如果要建立信任感，則這些心理反應要被知道且公開處理。

接著，我們介紹幾種建立信任感的肢體活動，有別於上述所說的技巧。例如，盲人信任走路的遊戲。這個遊戲要求「盲者」信任他們的牽引者，才不至於跌倒。他們高興地發現他們學會放棄控制他人和對他人有信任感。

雖然此種信任遊戲有其價值，但我們認為它們大多只建立短暫的快樂氣氛，並沒有讓成員談論他們關於信任的情感。信任應該順其自然，不要經過結構或計劃性活動來製造。事實上，我們認為經由人為的技巧，而非催化團體自己努力來建立信任

感，將會使團體信任感的發展變得緩慢，甚至不了了之。運用
結構性活動傾向於使人把焦點放在團體外的自己。我們主張的
不是運用互動性活動來催化信任感，而是鼓勵表達他們內心是
怎麼了。這麼做是挑戰他們誠實地分享恐懼和抗拒。

處理抗拒的技巧

　　發展信任感最佳方法之一，就是先瞭解產生抗拒的象徵，
然後再加以解決。領導者應該尊重抗拒，並視之爲團體過程的
一部分。抗拒的產生並非單純地因爲団體欠缺合作，而且並非
所有的抗拒都是負面性的。畢竟，有著譏諷的言詞或在坦露自
己之前，先確定四週情境的安全性，多少可算是正常的反應。
因此，對於成員的抗拒可以不必完全逃避，而且假裝它不存在，
也不能使它消失。明顯或巧妙地忽視抗拒的象徵，只會使團體
更糟糕，責備成員的固執呆板，只會增加他們的防衛。若責備
你自己的失常，也於事無補。只有透過鼓勵成員說出他們抗拒
的理由何在，並試圖瞭解，才能建設性的探索抗拒行爲。

一、敏察成員的害怕

　　在團體開始階段，產生抗拒的一個明顯來源，是過快地催
促成員克服他們的害怕及焦慮，而這些焦慮和害怕在團體開始
階段，仍然是正常的反應。如果成員在團體初期十分自動提供
情緒化和創傷的資料，將會在其中混雜著害怕。領導者必須敏
察此種情形發生的可能性，且耐心地探討成員此時此刻的害怕
與抗拒，而不是期待戲劇式的展現。

二、示範

在團體開始階段，克服抗拒的一個好技巧，就是由領導者帶頭示範。如果你目前在團體裏正經驗到成員的抗拒，此時你可以說出心裏的感受，而不是責備他們。例如，如果在早期階段上有許多沈默，你可以說下列例子的任何一句話：

- ・「這裏有什麼讓你難以開口的？」
- ・「沈默對我是困難的，我想知道這裏的其他人是怎麼樣？」
- ・「你們某些人說覺得與團體中其他人有親密感，我現在對你們所說的這種信任親密感有困擾。對我來說這裏有些重要的事情沒說出來。」

將你自己的感想、感受與他們分享，邀請成員也說出他們的感受。這種示範方式，可以帶動成員表達他們的情緒，同時，也是對正在團體裏醞釀的抗拒情況，直接和重要的處理方法。

三、處理非志願團體

抗拒在非志願團體裏可算是一個特殊的問題。在這裏簡略地討論視抗拒案主為有需要參加團體的一個特徵，同時，也描述一些具治療意義的解決方法。有太多的領導者認為，在非志願團體中不會有很多抗拒發生，因為團體裏的成員都是被迫參加的。不過，此種態度相當容易溝通改善。對於有機會在團體裏進行有意義的改變，不應該視而不見。

一般情形下，在假釋中的人們，或在心理衛生機構接受治療性的病人，或服刑的人等等，多多少少都有一些封閉性。他

們可能沒有被告知太多有關團體的功能，以及參與團體後所能得到的收穫。所以他們會產生譏諷、愛表現的態度，以及採取消極抵抗的型態，說得少而較希望被問問題。這種人可能會有以下想法和情緒：

- 「我儘可能少說話，這樣就不會被人捉到弱點，用來攻擊我。」
- 「可以將我留在團體裏，但是休想從我這裏套出些什麼。」
- 「為何我應該開放自己，信任這些領導者？他們從來沒有處在我的情況下，怎麼可能瞭解我？」
- 「我不瞭解為何要讓別人來瞭解我？這一輩子就被別人欺負慣了，為什麼我就必須開始信任別人？為什麼從現在起就需要別人的幫助？」
- 「這只不過是另外一個遊戲罷了。我若計算出這遊戲的規則，說出正確的答案，也許就可以早點離開這兒。」
- 「我最大的問題就是落入圈套，從現在起我會小心避免再落入圈套。」
- 「這些帶領團體的傢伙都被當做專家看待，我就要讓他們做給我看看，我坐著不動，看他如何去證明他們自己，我要讓他們知道無論怎樣努力都不會成功的。」

假如這些抗拒的成員說出他們的想法，所用的字句應提供做為進一步探索抗拒調適的資料。例如，用「彈藥」這個字眼的成員，也許就是幻想其他成員向他「開砲」；說「無法從我這裏套出些什麼」的人，就假想團體裏的任何一位成員都想打破他，因為他是個內藏豐富寶藏的藏寶盒，每一個人都想從他

那裏得到些什麼；認為領導者從來沒有處在他的情形下的人，可以要求他談談看到什麼，使他確信領導者無法分享他的經驗；認為僅是說說而無法有任何改變的人，可以要求他指認出對他而言，單只是說說而無法改變的事。重要的是領導者要看出團體中存在的抗拒，並且使抗拒明顯地表達出來。這樣做是在訓練成員表達自己，協助建立彼此信任的團體氣氛。經由溝通，讓他們瞭解領導者是能夠體會他們的，重視他們的抗拒，並願意與他們一起努力，而非用爭辯來消除它。此種消除抗拒的方法相當巧妙，原先決定不吭一聲的成員都開始陳述意見。領導者運用這技巧時，必須注意文詞的口語化，儘量少用專有名詞。

　　另外一個有用的活動設計，是讓成員公開說出被強迫進入團體時的感受，而領導者對他所說的，不給予任何評論或暗示他不該有如此的感覺。這種技巧在團體開始進行時非常有效，因為一開始時任何人都會注意聽別人在說些什麼，這也是建立信任感的基礎。事實上，領導者已可以開始處理憤怒、敵對、蔑視、無助感的情形，例如，他可以對成員說：「現在你們已經把這些情緒都說出來了，你們將怎麼處理呢？」這種技巧可避免團體的討論從頭到尾都是抱怨，而且讓團體有機會開始接觸瞭解。

　　另一種處理案主抗拒的技巧是與即將參加團體的案主做個別簡短的接觸，並認識他們。尤其是住在一起的案主而又必須要參加團體的治療方案，常常沒有給他們一些參加團體的引導，而只是告訴他們要參加而已。事前的接觸能建立起一種疏通的關係。

　　在團體開始所使用的一個直接技巧，是問他們團體如何才

會有功能，領導者角色要如何，及其相關的一些問題，這帶有
鼓勵的性質。也許有些成員會認為，不論他們說些什麼，都會
被記錄下來，而且會用來對付他們。此時，為了建立信任，你
可以坦白地告訴他們，你在團體裏所扮演的角色，以及你將如
何記錄會議的過程。譬如，假如對於成員進展的情形，你必須
做個摘錄，那麼可以向成員保證，在你記錄之前，會將記錄內
容與他們討論一下。或者採取角色扮演的方式，將你對督導者
說的話，在成員面前重複敘述一下。

　　對非志願團體的基本工作方法是讓成員知道，雖然他們是
被迫參加團體，但你是坦誠地接受他們的建議時，他們將影響
團體時間的運用。此時，你可以指出成員的幾種可能心態，除
非探索另一種選擇，否則團體成員不會願意花時間尋求團體的
價值。同時，也該有個機會會讓成員在團體早期階段中，去評
價團體。當成員開始認定自己對團體的運作有益時，抗拒情形
會有所減輕。

　　有時，給予非志願成員可以不參加團體討論的自由是有用
的。他們的人雖然強迫留在那裏，但是卻形成疏離的一群。假
如他們改變了心意，他們就會加入團體的核心。必須注意技巧
的運用是有些限制的：給予成員部分的自由可能不為機構所允
許，以及團體核心的成員可能會反對沉默者的觀察。

團體每次開始的技巧

　　我們已經討論很多有關團體的開始，但我們同時也想把注
意力放在特殊的情形。領導者也許會期望團體成員在到達團體

後，就能立即進入情況。但通常再花幾分鐘讓成員定下心來，並連接前次會議所遺留下未完成的工作，對團體的進行將有很大幫助。典型的方式是以輪流方式，讓成員發表他對這次會議的期望，以及是否願意繼續上次未完的任何問題。領導者也可以問問上回自我坦露的那些人，他們散會後是否更深層的思考過那些事情。此種技巧提供會議之間的連結和追蹤成員的機會。以下是讓團體專注的幾個方法：

- 「在今天的聚會裏，你們最想討論什麼？」
- 「我想讓每個人輪流完成以下這句話：『現在我感覺到……』」
- 「閉上你們的雙眼，想想未來這兩個小時你們會得到些什麼，問問你自己你想要什麼，爲了達到目標你願意做些什麼。」
- 「上個星期，我們停在……」
- 「對於上星期的討論，或者其他任何未完成的事情，是否有人想在現在提出來繼續討論？」
- 「你們希望這次團體與上回比較，有怎麼樣的改變？」
- 「對你上次所談的事，你還想到些什麼沒有？」
- 「當你想到這團體及它帶給你的一切時，有那些地方是你想改變的？」

如果成員進行半途被打斷，不管是因爲團體時間用盡，或是因爲成員自己搞不清楚狀況，此時，領導者要重新繼續進行。即使成員都認爲已經喪失了最佳時機，但是仍有可能重獲討論的主題與情緒。領導者可以要求成員從被打斷的地方開始，或者用特殊的語句起頭。不必強迫限制主題，領導者常可發現如

果成員開始述說時，他們的情緒已經回復得差不多。但是假使成員強烈地拒絕重新嘗試，領導者便可以瞭解成員壓抑的情緒正是有關「被打斷」這件事（「這種情形老是發生，我總是被人打斷和重新開始」）。經由這件事的發生，可以澄清團體不悅的氣氛，而回到早先討論的主題上。帶著一些運氣而自然地出現此事，成員也許會發現被打斷的情緒與早期經驗有相關。

團體每次結束的技巧

在團體開始前幾次的聚會期間，花一點時間請成員說出他們參加團體的感受和看法是很重要的。在第七章將會提到更詳盡結束的技巧與問題。但是在此處，我們將說明如何對前幾次團體做個總結。以下的問題可說是相當有用的觸媒劑，可以協助成員說出參加團體對他們最有意義的是什麼。

- 雖然我們相聚的時間不長，但是在這裏你已經學到對你自己的瞭解是什麼？
- 從這幾次的聚會中，你減少了那些負擔？
- 別人所談到的事，有多少是你自己也關心的事？
- 你覺得在團體中對你最大的幫助為何？最沒有幫助的為何？
- 團體中有誰的方式能讓你感覺更安全？
- 你在團體初期沒說的而你在團體結束前想簡單說一下的事是什麼？
- 有何方式你想在下次聚會中要和今天聚會有所不同？

在結束團體前幾次聚會的主要重點可以朝向簡單的摘要團體參與中的經驗爲何。從成員反映團體的情況來修正團體是相當有用的。甚至每個人說幾個字，簡要地表示團體的概況，可以集合起來做爲修正團體進行方式所不可或缺的資料。這種看法是避免不做或簡單的做總結性討論而唐突地結束團體聚會。

　　即使在初期聚會這段時間裏，成員整合融入團體之中，感覺好像沒有足夠時間討論他的事。如果因爲團體時間終了，或案主分心和未能掌握時間而切斷案主正在處理的事，領導者可以協助成員簡單地說出想要怎樣做個結束。這將可以定出下次聚會如何回到他問題上。成員要學習帶到團體中討論的問題常常無法有個「結束」，因爲總是會不斷地探求問題的新面向。

　　在下一個聚會中，常有可能再一次探討上一次聚會所討論的主題和感受，甚至案主認爲不再有機會討論。領導者可以說某句特別的話，要求成員重新從被打斷的地方開始。在沒有強迫案主討論此一問題的情況下，領導者常會發現只要案主願意說話，上一次聚會的感受可以再度浮現。

　　在最初幾次的聚會中，成員學習如何運用分配給他的時間是很重要的。或許可以看出有些成員在指認他想探討的事之前等待太久。在團體快結束之前，領導者能教一些方法，以便能用簡單的幾句話，把話題引到個人身上，要求一些時間討論他的事。甚至在團體初期階段中，領導者最好教成員如何評估他們在團體中所獲得的和付出的。在聚會最後的幾分鐘，可以用口語和非口語的方式評鑑此次活動，我們現在著手討論讓成員在評鑑過程中，能有最好參與的方式。

成員自我評價的技巧

在團體早期或轉變階段的初期過程中，成員應該評量自己的參與情形。領導者也可以問：「從團體開始到現在，你是怎麼樣看你自己的？你對自己的表現有什麼感覺？」、「如果你繼續你目前的樣子，到最後一次會議，你認為你可能會有何種感受？」、「什麼方法使你看到自己以前逃避參與團體，對於這種逃避行為你願意做些什麼？」、「你最喜歡改變成什麼樣子？或者你最希望在團體裏有什麼樣感覺？」、「你如何使自己脫離團體？」這些問題是最佳的觸媒，能使成員把焦點放在他們進度的方向上。此一技巧也請成員改變參與的方式，如對團體投入或不投入。如果成員表示這樣的方式並無法使他們感到滿足，領導者可以協助成員找出改變的特別策略。

為何那些人參與度那麼少？大多數的團體領導者都希望每一位成員能全心地投入，這種心理是可以瞭解的，因為這種希望，有時領導者便會強制大家參加。例如，會要求成員事先思考要討論的主題，並問他們問題；有時我們領導者則會要團體中每個人都回答一個問題。如果領導者常使用這些方法，成員會等著領導者叫他回答。假如沒什麼事情發生，更好的方法就是直接在團體裏指定主題。

當領導者不滿意成員參與程度，或許也會運用結構性的技巧，讓活動一直進行著。這些技巧常變成自作自受，而且造成參與者的被動性，認為維持團體活動的進行是領導者的責任。在這裏最好的技巧就是當成員不投入時，能幫助他們度過這幾

次討論，以及激勵他們決定願意為自己做些什麼。

　　減少團體成員持續這種缺乏建設性的行為型式，就是讓他們不斷地評估自己在團體裏的參與和進步的情形，也許可以依次記錄下來。成員可以在團體開始或轉變階段，做前面幾次的評估工作是很好的做法，然後變成團體固定的做法，使參與者能夠多次評估自己的功能。下面的成員自我評量表便可作為評估的依據（我們將在第七章介紹專為團體結束設計的評量表）。

團體成員自我評量表

　　利用下面的句子，以 1 到 5 的尺度等級估量你自己參與團體的情形，1 代表「我絕不是這樣」，5 則代表「我總是這樣」。

1.在團體裏，我是一個積極投入的成員。

2.我願意完全的投入團體，並且與大家分享目前生活的問題。

3.我認為自己願意在團體裏嘗試經歷新的行為。

4.我願意盡力表達自己的感情，就像其他人一樣。

5.在每次團體討論之前，我總會花一些時間準備，結束後，我也會花一些時間反省自己的參與情形。

6.我儘量以真誠的反應面對其他人。

7.在團體裏，我總是不斷地追求澄清我的目標。

8.我總是注意傾聽別人在說什麼，也會把我的感受直接地告訴他們。

9.我會與別人分享我的想法，將自己如何看他們，及如何

受他們影響都告訴他們。

10.在團體裏，我儘量使自己做別人的模範。

11.我願意參加團體各種不同的活動。

12.我常會想要參加團體的討論會。

13.不必等他們開口，我就能主動幫助他們。

14.在團體建立信任感的過程中，我是採取主動的角色。

15.我是在沒有防衛的心態下，坦誠地接受別人的回饋。

16.我儘量把團體裏所學習到的東西，應用到外面的生活。

17.我會注意自己對團體領導者的反應，並說出他們是個怎麼樣的人。

18.我會避免標定自己和團體其他的人。

19.我會避免問別人問題和給予他們忠告。

20.我對自己在團體裏的學習負責。

當我們利用類似上述的自我評量設計時，我們是針對特殊項目探討團體成員的反應，尤其注意團體發展的型態和趨勢。

領導者自我評量的技巧

除了要求成員評量他們在團體中的進步情形之外，領導者和協同領導者也要評估他們自己的工作效能。下表可運用在團體的不同階段，也可提供領導者和協同領導者之間討論的依據。

領導者自我評量

　　利用下面的句子，以1到5的等級尺度評量你擔任團體領導者的情形，1代表「我從未如此」，5代表「我總是如此」。

1. 主持團體會議時，我總是表現得很熱衷。
2. 在團體裏我願意表達自己對事情的反應。
3. 我能夠幫助成員澄清他們的目標，及擬定步驟完成它。
4. 我能夠瞭解成員，並且能把我對他們的瞭解，跟他們溝通討論。
5. 我可以直接挑戰成員而不增加他們的防衛。
6. 我能在團體裏樹立所希望的模範行為。
7. 我能夠儘量避免意志消沉，努力為成員服務。
8. 我運用技巧的時機都恰當，不致打斷成員的工作。
9. 在領導成員時，我都相當地敏銳，且都是順著而不催促他們。
10. 我能隨時向自己對成員的早期假設與認知挑戰。
11. 在團體裏的行為能使我獲得成員們的尊敬。
12. 我能找出共同主題來連接成員彼此之間所進行的事。
13. 在主持一個會議之前，我會考慮要達成什麼的目標。
14. 每次討論之後，我都會留下一些時間做歸納終結。
15. 我能有效地干預具有攻擊性成員的破壞行為。
16. 我能在適當的時機提供成員支持和正向的增強鼓勵。
17. 我能有效地與協同領導者配合，當不能配合時，我也能承認這種情形的存在。

18.我能對大家做適度和適時地自我開放。

19.我能適當地運用技巧,而非刻意地用來避免不愉快的時刻。

20.當我在團體裏引用技巧之前,我會透過理智的思考,並且提出一些理由。

結　論

團體開始和轉變階段的過程裏,領導者有以下幾個主要任務:創造一個有利於建立信任感的環境;處理成員的害怕、焦慮和期待;得知團體的負面情緒和衝突;瞭解並指出解決成員衝突的用意何在;在接受成員挑戰時,要樹立不防衛性的行爲模範;減少成員對領導者的依賴,並加強成員個人的責任感;教導成員直接而有效地面質;鼓勵成員表達他們對團體的感情和反應;幫助成員更深一層地表達個人心理的反應。

問題與活動

1.你如何描述你所熟悉團體初期階段的特性?對團體開始階段上,你喜歡採用何種技巧?你運用這些技巧的理由何在?

2.敘述你認爲需要用解凍或相互認識技巧時的團體情境。描述你用來幫助成員相互認識的技巧,並說明其理由何在,運用

它們有何潛在的缺失？

3.不安焦慮是團體開始時的典型現象。解釋你為何運用技巧升高成員的焦慮，然後再探索或驅散的理由。在對焦慮不安的反應中，你認為有那幾點是相當重要的？

4.檢查一下你所在的房間，該如何做最佳的安排設置？它有何功用？你如何發揮它最大的效用？房間裏的物理環境對於技術的運用有何幫助？嘗試動一動四周的環境，改變一下座位的安排？再討論這些改變對團體有何影響。

5.成員的身體姿勢如何影響團體的其他人？

6.你同意我們認為結構的方式比團體後期更為適合團體初期嗎？

7.敘述一些異於本章所提到而適用於團體開始階段的技巧。何時它才能適用？何時又會引起反效果？

8.進行團體信任感的活動可能會有那些危險或缺失？

9.在團體裏，何時你會採用不同類型的信任活動？請加以解釋之。

10.你會催促成員在早期階段就說出他們對團體的期望嗎？你看到了什麼優缺點？至於這方面，你認為你可能會採用何種技巧？

11.在團體早期階段，你喜歡運用一些結構性的技巧，或是傾向於讓團體自行發現屬於它自己的方式？請討論之。

12.你被指派帶領一個非自願的團體，描述一下你將如何處理可能面臨的問題，有那些技巧可加以運用？你將如何對成員解釋團體潛在的價值？

13.列舉一些成員抗拒的特性及隱藏於後的可能動力，創造一些你認為可能對他們有效的技巧。

14.減少團體所有的抗拒是你理想的目標嗎？可能達成嗎？請
　說明你的見解。

15.你如何區別成員因為文化情況而來的不信任和出自逃避的
　抗拒？

16.在團體的第一次會議裏，成員說你沒有能力或缺乏經驗領導
　團體，你將如何處理此種挑戰？關於這一點，你會想運用技
　巧來處理嗎？如果是的話，請問是何種技巧？

17.在每次會議開始時，你能運用什麼技巧讓成員集中注意力？

18.你將如何評估自己擔任領導者時的效率？請描述一些特殊
　的程序。

19.你有那些示範的行為方式可以減少成員間的抗拒？何種示
　範你一直喜歡用來處理抗拒行為？

20.為了能使成員公開討論他們的恐懼，在挑戰成員的恐懼和提
　供支持性氣氛二者之間，你會做怎樣的平衡？

第五章
轉換階段的技巧

在這一章中，我們將討論團體轉換階段的一些基本類型，我們把焦點放在克服防衛和抗拒的治療方法，並且我們提供一些技巧來處理問題成員。

轉換階段的類型

在一個團體開始走入廣泛的和產生有利的處遇前，通常會經歷一個比較高難度的轉換階段。在這個漸進的時期，成員有著學習組織和處理焦慮、抗拒和衝突的任務。成員要：

- 決定他們是否願意完全將自己投入團體經驗中。
- 要能覺察一些他們原本能稍微知道的感受。
- 同時查驗領導者和其他成員，以決定團體的安全程度。
- 觀察領導者的行為，以決定領導者所說的和所做的是否一致。
- 對於他們想從團體獲得的覺得矛盾。
- 變得比較能接受團體中可能潛藏的衝突。
- 學習說出他們對團體所感受的以及所想做的重要性。

在此階段中，成員的任務即是去檢視自己的情緒和反應，以及去學習表達他們。如果成員尊重成員的抗拒，則是有益的，同時會促使自己挑戰自己的逃避傾向。成員必須學習如何用一種關心和有建設性的方式去面對其他人，以及願意保持開放和非防衛的態度去接受其他成員的回饋。如果發生衝突，成員將需要去瞭解他們，並發展可以處理的技巧。不瞭解衝突幾乎總是會為團體埋下阻礙的結局。

對領導者而言，在轉換階段中一個主要的挑戰是使團體成為具有凝聚性的單位。技巧的運用是要以敏銳性和恰當的時機為基礎。領導者的一個任務是在成員經歷艱苦時鼓勵他們。同時，領導者需要挑戰成員，去面對與解決從團體內的互動所引發出來的衝突。領導者表明是藉由他們反應去做提議的。如果領導者期待團體參與者能彼此誠實地、坦率地，以及有建設性地面對面，他們便有必要在其領導的過程中示範這些行為。

處理防衛行為的例子

在這一節，我們將列舉一些典型的逃避行為的實例——亦即在團體開始階段裏，成員多半採用的防衛行為。每一種行為我們都會提供處理的方法及技巧。

一、不深入重點，只著邊際

在團體轉換階段，成員多半將重點放在其他成員身上，或一些毫不關己的事情上。他們也可能責怪團體內或外的其他人，因為他們無法信任他人。例如，玲琳認為在團體裏很不舒服，因為偉寧坐在她後面，且令人厭煩。她花太多心思注意偉寧在做些什麼或不做什麼。她不去看看她自己和自己的反應，反而認為是偉寧在操縱她的情緒。她可以用這種方式避免注意自己的不投入。在這種情形下，領導者可以要玲琳直接地對偉寧說出她對他在團體裏的感受。假使玲琳說：「偉寧有很高的攻擊性。」領導者可以問她：「他的攻擊性對妳有何含意？在妳的生活中，有誰可讓妳聯想到攻擊？」亦即如果有人靠近她，

玲琳便會出現像對偉寧的反應一樣。也許她會回答：「偉寧，你似乎較具攻擊性，而我發現自己不太願意向你坦白。你使我想起前任的男朋友。」這種引入重點的技巧，會使成員由對他人所說的話，來看清自己和自己在團體裏所扮演的角色。

二、使用非私人性和概括性的語言

毅明說話的時候，常使用概括性字句，因此常被人制止再說下去。在早期的團體中，有一次領導者要求成員談談他們在團體裏的感覺時，毅明說：「在這裏，沒有任何人是真正願意自我開放的。每一個人都坐在後面，等著別人先開始。沒有人會說出他們真正在想什麼，他們也不會替別人設想。在這裏是不會發生事情的，因為每個人的面前有座牆，沒有人願意從牆後面站出來。」因為毅明都使用概括性的字句，諸如：「沒有一個人」、「他們」、「每一個人」等，使團體裏沒有人能知道他到底在說誰，同時也不清楚是否他自己也包含在內，因為他沒說自己有否勉強不願意坦誠。

下列的陳述、問題和建議是領導者直接和毅明的對話，這些技巧在這種情境下也許很有用：

- 「毅明，我喜歡你剛才說的每件事，但請用『我』放在你的每個句子的開頭，並看看這與你剛說的有何不同感受？」
- 「嗯，在這裡，你不想對誰坦承？你所想的但卻不說的是什麼？你築起了什麼樣的牆？防著誰？」
- 「毅明，你剛剛所說的話比較含糊。是否你願意繞著團體走一圈，並說一說你目前所看到的團體中的每一個

人。如果你能夠將你所看到的每個人的牆描述一下，並且告訴每一個人，介於你們之間的這座牆所帶給你的感受是什麼，也許非常有用。」

· 「你一直在說『他們』，是否也把自己歸在『他們』之列。也許你已經開始將部分的自我開放了，不過有一點我想建議你，是否能夠注意看看團體中的每位成員，當你看的時候，一邊想像著你砌在你自己與我們每個人之間的那座牆（毅明已這麼做了）；然後選擇在這房間裏的任何一個人，說說你們之間存在的那道牆，而且當牆倒下來時，你們之間可能會發生怎樣的情況。」

· 「當你看到我們每個人時，請用各種不同的方法完成這句子，每個人都要被說到。」毅明說：「我曾經希望你表現出不同於團體裏的行為，現在使我不同的是……」

· 「也許你可以告訴我們，有那些團體中的情境讓你感覺像在團體外？團體內和一般日常的生活又有那些相同的地方？」

· 「你剛剛說到別人的那道牆，至於你自己的牆是否也向我們大家提一下？」

還有一些其他的技術可幫助成員縮小他們的概括的陳述。以下是綜合一些在我們團體中所聽到的，而緊隨著的則是有可能試圖去幫助成員變得較為具體和有焦點：

· 「每一個人對於開放自己都是小心翼翼的。」（「在此，你在提防些什麼」、「如果你現在比較疏於防備，你會說些或做些什麼？」）

· 「在這裡的每一個人對於談論問題是這麼的擔憂，為什

麼人們從來不說說在他們生活中好的事情，反而總要把
焦點放在負面的事上？」（「誰特別會談論這些問題？
那個人又是如何影響著你？如果人們並未認真思考問
題，對你而言，那會有怎麼樣的不同？」）

- 「看起來，似乎每一個在這裡努力的人，總是會哭泣或
生氣。除非我們在這個月是哭泣和空談的，否則為什麼
我們是不被信任的。」（「對你而言，和團體中表達情
感的人在一起，有何意義？」、「如果你反對在你工作
時表現情感，你喜歡怎麼樣地待在這個團體中？」）

- 「我的問題不像其他人一樣的重要！」（「你想你的什
麼問題是無意義的？」、「其他人的什麼問題比你的要
顯得有意義多了？」）

熟練領導的藝術包含了面對成員時將比較會去識別防衛的
型態，例如將焦點擺在別人身上，或是用非個人性和普遍的語
言將他們自己隱藏起來。如果藉由描述特殊的行為來做面質，
並且不對成員做批評或標籤，領導者將比較有可能挑戰他們的
抗拒。像毅明這樣的參與者，便需要幫助他們能夠如何看起來
是不同的。

三、問別人問題

在團體轉換階段出現的一種特殊的逃避行為模式就是問別
人問題。此種防衛行為會耗竭團體的精力。運用這種逃避方式
的成員，要求別人都必須能讓其他人瞭解，而將自己安全地隱
藏在他們所問的問題裏。例如，孟倫認為自己是個積極主動參
與的成員，只因為他能用問題來攻擊別人。即使這個團體才剛

成立不久，他已經能詢問大多數成員有關私人性的問題。他要求他們對自己的情緒表現說明原因，並且提供方法解決他們的問題，而不管這些方法他們是否已經試過了。一般而言，他的問題常會打斷團體的互動。

領導者必須心理有個底，孟倫這種問別人問題的方法，是為了避免把焦點集中在他身上。此時，領導者可以運用兩種技巧中的任何一種，對孟倫進行個人的探觸。可以讓孟倫繞著團體走一圈，儘可能地對每個人問他想問的問題（此時，成員不能回答他的問話）。這項活動的重點就是允許孟倫誇大自己問題的行為。當他問完後，領導者可以詢問他的感受，同時要求他告訴每位成員，他想從他們身上得到什麼。或者領導者禁止孟倫發問，而是以暗示的方式告訴孟倫他自己的問題，這樣孟倫會漸漸地開放自己。

我們並非在暗示所有的問題都是表達抗拒。我們希望成員（和領導者）不要探問的問題類型是領導上的問題，探聽消息的問題，或是封閉式問題和有打斷成員探索傾向的問題。當有成員試圖將自己的想法加在某人的想法裏的時候，我們通常會做處理。例如，如果成員對一個在兒童時期被虐待過的人說：「你必定是恨你父親的。」我們可以問：「對你來說，怨恨你的父親是怎麼樣的一個問題？」我們將會使其他成員為他們自己做表白，而非去讓其他人建議某個情形應該是什麼。我們也同樣試著刪除掉那些無發展性的問題。當成員問問題時，我們通常請他們至少能簡短地說明他們為什麼有興趣聽到那個答案。

處理問題成員的技巧

在團體轉換階段，成員表現特定的問題行為是相當顯眼的。就以往團體記錄顯示，領導者剛開始對這種人的反應多半是嚴厲的。成員會觀察領導者的行為，並會默默地決定他們可以信任這個人的程度。在這一節，我們將探討這類型的成員，並介紹幾種處理的方式。

一、一般性原則

若要適當地描述問題成員，或許可歸因於領導者反情感轉移的結果。有時許多領導者尚無法確定他們對於個別成員的反應確實是有根據的，或者是源自於他們自己特質和未被解決的衝突。一般來說，我們會誠實地告訴成員一些事。例如，我們發現逐漸對文昌某個特定行為型態感到生氣，那可能是他重複和熟悉的行為型態，這是從他早期童年開始和人們互動的一種特質。事實上，他的行為會使人排斥他，或是捨棄他。這個型態在團體互動中會一再地出現。我們可以從調整我們對他的反應獲得許多他內在心理動力的資料。我們總是認為有很多好的工具、技術可運用在成員身上。因此，我們允許自己小心地隨著成員發展。當團體裏的人能分享我們的反應時，他們的回饋更能加強我們對情境的覺知。有鑑於此，我們要補充說明反情感轉移往往根植於我們個人過去未完成的事。這意指我們最好趕快找到那些容易使我們受傷害的來源。因此我們沒有認定那些我們覺得有問題的案主一定要接受治療。對於探索我們反情

感轉移的意願，將可對我們和案主之間的動態關係提供有意義的線索。

　　因為領導者對團體負有責任，所以有權禁止問題成員繼續參加。但是，此種解決方法有時會傷害到這個人，並且會影響其他人對團體的信任。在團體裏，這種對成員負面的衝擊，可能更甚於排除他（她）。事實上，沒有必要要求成員非得離開團體不可，尤其在團體開始前已經經過適當的過濾和準備。

　　領導者對於問題成員最大的責任，就是促進瞭解和成長，包括問題成員及其他成員。但是領導者不可太過急切地想改變他們，或是想治癒他們的問題行為。一開始，領導者應該先收集資料，並判定他們的問題是自己的因素，還是別人所造成的。然後，再藉由行為的表現，判斷問題成員想告訴別人些什麼。如果抗拒能給予較多建設性的行為，那麼其他成員和領導者必須有耐心。對於在團體中表現問題行為的人，我們可以用坦誠和關懷的態度來處理，並在團體中給予他們在日常生活中更多的機會做改變。治療團體的基本目的是提供人們機會以新的觀點來看待他們自己，並得到更多正確的寫照。在團體中，他們可以學習到不必堅持某種會帶給他們遠離他們想追尋的行為型態。團體所提供的安全，可讓他開放自己去冒風險，以及能變得與過去不同。

　　領導者在這裏的示範是相當重要的，讓成員經由這個過程來學習。過快地將問題成員歸類是一般較易犯的錯誤（「獨斷者」、「團體護士」、「挑撥者」）。這種歸類標籤的方式容易產生代罪羔羊，而這些只不過是成員保護自己的一種固定型態。如果抗拒的成員遭受過度的壓力或毫無顧忌的攻擊，實際上對團體仍有不利的影響，而沒有治療性。一般領導者的信條

是避免說「你是有問題的」，而說「我對你有點不知如何是好」。此時，領導者可以繼續指出他們是如何及為何受到影響，例如，與其領導者說「你是個說故事的好手，但令人有些厭煩」，倒不如說「當你過於繁瑣地說別人時，我沒辦法專心，我倒是很想知道你是怎麼受到這個人的影響」。或是領導者做更暗示性地表達：「我真的很希望能和你在一起，並瞭解你。但是當你描述事情太過於瑣碎時，使我並不容易去認識你。就算是我喜歡在森林中散步，也會在樹林中迷路。」

當成員知道領導者對他們特殊行為有些不知如何是好時，往往會反過來觀察自己。此時，他們站在一個決定者的立場，決定這種行為對他們是否是個問題；同時，也決定他們是否願意在這方面改進。例如，某位成員知道因為他這種太過瑣碎的說話方式，經常使他失去朋友，然而，他卻決定不想為此而改變。這並沒有關係，但他必須願意接受因他的選擇所帶來的真正後果。

如果是領導者先開始給問題成員回饋，他們必須以敏銳、誠實和關懷的態度來表達。他們必須瞭解，團體中的其他人會想觀察他們面質的態度。而如此一來，成員才能瞭解到領導者是在為他們做示範。假設大多數的成員覺得青城是有抗拒心理和不易親近的，並且要讓他知道這點。處理的重點不是邀請成員對青城發洩，而是鼓勵他們給他回饋和反應，但要避免聯合起來對付他。領導者需要小心地控制回饋的數量，如果青城接受到的回饋超出他所能吸收的時候，領導者便應該出面干涉。例如說：「對於我們心目中的青城，也許他已經知道夠多了，我們現在應該把注意力放在每一個人該怎麼辦？」為了要讓青城以後工作有個開頭，領導者可再加上：「在我們開始之前，

青城，我希望你對這回饋有機會表達自己的意見。」

　　雖然給予問題成員的回饋可能具有批判性，身為領導者最好要支持接受回饋的人對他人的意見有反應的權利。而且，對於接受回饋的人，你要表現出相當的興趣和關注，要接納他們，對他們有耐心，願意放慢腳步等待他們，即使這路走起來有些困難。你可以讓問題成員知道其他人所給予的回饋，與他們對他的關懷是不相矛盾的。如果你真誠地去做，就能傳達出願意接納他的訊息，同時，領導者可以告訴問題成員有機會以不同的方式來和他交往。然後，你可以問問問題成員，是否他們有什麼事想以不同的方式來做，或者是否有他們想進一步尋求的事物。

　　在團體裏，對於問題成員的處理方式，我們無法提供完整的秘方，有時候你必須靠著自己的隨機應變。我們常說，當領導者和成員二者，和成員相處有困難時，談談他們自己是很重要的，與其重視評斷或全是我們認為有問題的行為。一般而言，談論我們個人如何受到影響反而是一個好的方法。在這方面，坦誠的行為、敏銳的感覺、關懷的態度，以及選擇適當時機都是最為重要的。如果沒有鼓勵成員回饋、表達個人和未能對於團體過程解釋的話，即使介紹任何明確可行的技巧，也是沒用的。

　　在團體轉換階段中，團體尚未凝聚到必須去討論較深入的問題。如此，它可能也不適合進一步處理被面質回饋的問題成員。即使有人已經開始向大家表達自己的感情，或是有一些問題極險惡的題材，但是其他人就不見得準備就緒。他們可能相當害怕，因為不知道給予回饋後會有什麼樣的結果。就如同我們先前提過的，對領導者而言，問題成員的早期改變是個相當

有價值的基本資料，可在以後的團體中使用。例如，你也許會問問題成員從團體中所獲得的回應，是否能符合他們從日常生活中或小時候經驗中所得到的回應。

　　因為本書的目的，所以我們談到問題成員，但在我們的團體中，我們不以此方法指認個人。從我們有利的觀點，我們會避免對別人貼上標籤，並給予他機會來改變。即使他們的行為使我們不再有耐心，我們也要試著有耐性。我們試圖將各種的問題行為視為是他們掙扎的記號，並以此觀點，我們努力去瞭解他們行為的目的是什麼。團體提供了一個良好的環境，使人們能見到他們自己的抗拒行為。如果他們能避免標籤他們自己，以及批評他們自己，他們比較可能去感受到自由地試驗不同形式的行為。處理問題成員的技巧約可分為兩類：一類著重在成員本身，另一類則著重他人對這個成員的回饋反應。而你必須注意到，這兩個重點的來源是不同的。屬於前者的技巧，你也許可以這麼說：「以前你給我的感覺跟現在還是一樣，你在團體外給人的感覺跟現在一樣」，或是「這就是你給我們的感覺，而這些就是我處理的選擇依據」。把焦點放在問題成員本身，包含讓他們接受回饋，是為了想澄清對別人的衝擊。誇張他們的問題行為，可以使他們自己看得很清楚，甚至厭倦此種行為，或者讓問題成員嘗試不同的行為，以洞悉行為的來源，並使他們認清自己努力嘗試的行為，正是他們一直想要的。

　　運用這種技巧時，你必須注意它們的危險性，團體成員可能會把問題成員加上標籤，或是問題成員自己定義自己有問題；尤其當他們產生防衛心理時，他們會故意做出那些被標籤的行為，以示抗拒。團體的目的之一，就是希望能提供機會，讓參與者挑戰自我範圍的行為，以及開始建立積極性的認同。

在這方面，讓問題成員嘗試另一種新行為是特別有效的。運用這種方法，成員不僅可以思考他們劃地自限的行為，同時，也有機會學習不受標籤範定的生活方式。

刺激問題成員，讓他們能夠思考改變行為的方法，就是問他們現在從團體中得到的經驗與過去有何差異。如果他個人的目標與領導者或其他成員所看到的有所差異，他們就可以被要求改變自己的行為。此種方法可讓領導者查驗問題成員是否心甘情願地改正自己的行為。他們對回饋是否有興趣？他們會認為自己的停滯不前，是因為自己或他人強加標籤的行為所致嗎？他們願意冒險重新認定嗎？假使他們認為目前的行為對他們沒有幫助而想改變，那麼團體是個最佳的場所，可使他們學習到具有建設性的行為模式。

在提出處理問題成員的特殊技巧之前，必須先界定我們的重點所在。問題成員的認定是由你或成員來決定，你可以信任你的直覺，同時要知道這些判斷可以反應出你自己及自己的內在心理動力。你可以找機會和問題成員溝通，讓他們瞭解自己的感受，同時，可以做為其他成員給予他們回饋的模範。但是，基本上你必須以尊重的態度對待有行為問題的人，即使給他們的回饋可能有些嚴苛。然而，最重要的還是你必須留意，針對他們問題行為所給予的回饋，可能會引起他們的防衛。此時，你可以公開地與成員溝通他目前的情形，鼓勵他們想想，現在是否與剛開始進入團體時有何不同。

二、沉默的人

如果沉默的成員希望建立一種氣氛，是邀請而非強迫參與，那麼領導者需要表現尊重他們的模範行為。同時，應與他

們溝通，表示有興趣聽他們說話。但是領導者也必須瞭解，他們的沉默不語對其他人可能會有影響。在很多團體裏，其他成員會逐漸評論他們的沉默。此時，領導者若是等待團體開始給沉默者回饋，而不是領導者自己開始，那麼沉默者將經驗到更多人對他們的興趣。如果是由領導者開始討論沉默的主題，那些不積極投入的人會逐漸地說出他們對團體的希望。這時，領導者應該鼓勵他們討論是什麼使他們卻步，同時也讓他們知道，他們的沉默影響到其他的成員，尤其別的成員會因為害怕被他們評斷而遲遲不敢開口。最後，領導者可以對成員在團體外的表現，是否與團體內一樣沉默表示興趣，並且提醒他們，這是個嘗試改變的機會。

領導者和其他成員都可能會犯這種錯誤，即催促成員開放自我，而沒有探究為何成員沉默不投入的原因。他們將注意力放在沉默的成員身上，並且運用各種辦法將退縮的人拉抬出來，結果反而使得他們更加沉默、退縮和抗拒。

欲瞭解主動投入的成員對那些沉默者的反應，可以鼓勵他們告訴另外一個人或是沉默者（視領導者判斷這個人的擔心程度），在他們說完話以後卻沒有得到任何回應時的感受。這類型的活動，可使沉默者的困窘減至最低的程度，其目的是讓主動表達的成員協助他們去探討他們自己的感受，給予他們的回饋，希望他們能分享所體驗到的面質或挑戰。在此，我們無法提出一個最適宜的藍圖。你也許需要對有明顯敵意和破壞性的沉默成員，給予更多的挑戰和面質，或是對那些在團體中害羞、退縮的成員，給予更多的支持。

另外一個協助幾位沉默成員的技巧，就是讓他們形成一個內團體，隨心所欲地談論他們的沉默。然而，一個先決條件是

領導者必須確信這些人對這個活動有相當程度的興趣。前述技巧的變形是著重在那些主動的成員。他們可以形成一個內團體，相互討論那些沉默者到底在想些什麼，以及他們彼此的感受。這使他們有機會討論在那些沉默者面前如何開放自我，同時也讓消極被動者知道他們的沉默已經影響到別人了。

為深入說明處理習慣性沈默的成員，現在我們描述唐娜的行為，並將前面討論過的原則一併應用進來。當領導者問唐娜目前對團體的感覺時，她聳聳肩說：「要在團體裏面對大家說話，對我是件蠻困難的事。我寧可當個傾聽者，而不喜歡被迫說出我的想法和感受。聽別人說可以使我學到很多。」領導者可以問唐娜一些問題：她是否想突破現在這種情形，願意在團體裏說更多的話？光聽不說的形式，是否就能夠滿足她？沉默是否能使她得到她想要的？或者，領導者可以說：「唐娜，我想妳也許不瞭解妳的沉默對我造成相當大的影響。例如，我會想可能是妳不同意我領導團體的方式，或者我在想是否有人告訴過妳，他們對於妳觀察他們的想法。」

也許領導者可以要求唐娜談談：在團體裏她覺得自己像什麼？當一個傾聽者，她有何感覺？她在團體外行為表現方式的特徵為何？是什麼因素讓她在團體裏不要告訴別人她的感受與想法？經由這些問題的回答，唐娜已經在讓別人瞭解她了。

事實上，唐娜也許會說，在團體裏話說得少是因為她不知道自己預期什麼，而她以前也沒有過參加團體的經驗，或者她會說，其他人看起來似乎都知道他們想從團體裏學到些什麼，而她卻還不知道做什麼。在此運用的一個技巧，就是先讓唐娜注視團體的每一個人，然後再完成以下這些句子：「當我看到你時，我認為你會希望我……」，或是再加上「……說得和你

一樣多」、「……說一些深入的秘密，這樣你才能瞭解我」、「……帶來一些問題，好讓這團體有事做」、「……投入這團體或決定離開」、「……告訴你我並沒有批判你，以及接受你所說的」、「……表達一些感受」、「告訴你一些有關我自己的事」。唐娜的話提供了豐富的資料，讓領導者可以做個連接。為了查對她的預期是否正確，唐娜可以問每一個人，他們對她的期待是什麼。

另外一個技巧是將重點放在唐娜對於別人的期望上。她順著團體走一圈，並完成以下這些句子：「當我看到你的時候，我希望你……」。這兩項活動可以混合使用，唐娜先繞團體一圈，說出她感覺到每一個人對她的期望，然後再順著團體走一圈，說出她對每一個人的期望。

最後，一個對於像唐娜這類型沉默者的建議，是請她閉上雙眼，想像團體已經開始了，而她是傾聽者的角色，一直維持到團體結束，她的情況是否有改變？她可以想像這是團體最後一次，她現在正在想什麼？她從團體中獲得些什麼？她感覺自己參與團體的程度如何？她可能對自己說些什麼？這種技巧的設計就是想讓唐娜思考自己在團體裏所發展出來的行為型態，並將這種行為模式投射到未來。讓她有機會看清自己，她想像別人對她的所做所為，阻撓了她在團體中的參與。如果她不喜歡閉上眼睛後所看到的一些事情，也讓她有機會表示自己願意嘗試改變的態度。

三、壟斷的人

雖然沉默的成員在團體裏會受到挑戰，但是那些壟斷團體時間的人卻較少受到有效的挑戰。有部份領導者較喜歡讓團體

成員用自己的方法來和壟斷者抗衡。如果你比較喜歡讓很多人都扮演主動的角色，或許你可以採取干預的方式，那麼就不需要特殊的技巧，只要分享你的觀察和感受就綽綽有餘了。在此運用引發他人感受的技巧是合適的，因為那些壟斷者已經佔用了太多時間。但是你必須帶頭給予回饋，以免過份禁止那些多話的成員。當別人變得主動積極時，那些愛說話而又有份量的人仍保持現狀，那麼領導者就應該和他們溝通。與處理問題成員一樣，對付壟斷者一個有力的方法，就是重播或重述他們的行為。經由給予直接回饋的方式，可讓這些成員評估他們自己目前的行為。除此之外，高度結構性的技巧，例如進行暫停或限定時間，可以適度地限制參與者佔用太多時間。

另外一個應付壟斷者及問題成員的有效方法，就是建議他們持續表現自己特有的行為模式。例如，可以說：「如果你愈說愈多，對於以後會發生什麼事我倒很有興趣」，或者，你可以挑戰這些成員能否少說一點，然後你對他的反應給予評論，並探索原因。

通常一個問題成員能夠接受別人給予幽默性回饋的關係。例如，領導者可鼓勵其他成員模仿壟斷者對待他們的方式，回應於壟斷者。無論如何，在此簡短的告誡是適當的。如果已經有了足夠的信任，便有了自作自受的效果。得到回饋的人可能會覺得被擺了一道，而表現出另外同等性質的問題行為，或是增強他（她）的壟斷行為。

四、尖酸刻薄的人

只要成員一直不直接表達自己，通常他們還不至於被挑戰要處理自己的感情。直接地把生氣說出來是有建設性的，但是

若以挖苦的形式來表達生氣，則是不當的。例如青蓉說：「雖然我無法像映琴一樣高級，至少我穿得還不差。」青蓉可能是間接地罵映琴粗俗，而不正視她對映琴的敵意。映琴也不清楚青蓉究竟在說些什麼。假如這種尖酸刻薄是青蓉特有的本質，那麼將有害於團體的信任與情感分享。這裏除了引導其他成員表達回饋與反應外，也可以問映琴對青蓉所說的話有何想法。你也可以介紹幾種方式，教導青蓉直接而明顯表達她的生氣。另外一種方法是要青蓉給團體中的每個人一個尖酸的綽號，然後你再指出它是如何挖苦人，而且也間接地表露出她個人的內心想法。如果她想深入去探討挖掘自己，你可以引導她探討從何處學得這樣尖酸的說話方式，以及為何她需要掩飾她的生氣。

五、習慣把焦點放在他人身上的人

不願表達自己或注意自己的人，通常是造成團體問題的人。這類型的人包括那些自認為是團體領導者的人；他們自願為別人療傷，解決痛苦，卻不允許別人探索他自己；經常提供忠告給別人；對別人永遠有問不完的問題；別人正在奮鬥的問題，他們認為自己已經歷過，且永遠不會再發生；給予別人的智慧勸言是他們經驗的結晶。這些人想要給人的印象是他們自己已經沒有任何問題了，因此，提供缺少支持的情境給開放自己問題的人。

就像沉默的成員一樣，在團體裏這種行為會受到他人的挑戰。此時是個很好的時機，領導者鼓勵其他感覺到被壓抑的成員表達自己的意見。此種回饋本身常可以讓那些問題成員把注意力放在自己身上。加之，領導者可以教導團體成員瞭解無心

插柳柳成蔭的道理，當我們將注意力放在自己身上時，別人的受益反而比我們將全力放在協助他們身上時更多。

這些技巧並不是要減低成員利他或幫助別人的慾望，而是要告訴他們，團體只是在顯示出他們的某一面向：他們要別人給予忠告，尋求安適，或照顧他人的需要。此一目的是為了讓這些成員能正確地瞭解，團體可以使他們從自己或他人身上學得些什麼，以及決定他們給予別人意見的方式是否有用，或決定他們能否從自己的其他方面得到益處。

鼓勵改變的一個技巧是讓這類型的成員繞團體走一圈，給每一個人一句忠告，然後說：「從你這裏，我想……」。此一技巧讓他做他個人容易做到的事情，即給予別人忠告，同時要求他做一些困難的事情，即從別人那裏獲得一些什麼。當然，這種技巧只有在成員有意考慮改變行為模式時，才能發生效用。

處理衝突的技巧

轉變階段有個特色就是衝突，而種種消極性反應的出現，則是團體發展中的典型現象。建立和維持信任感仍是團體轉換階段的主要任務。和抗拒一樣，在轉換階段中主要是去瞭解，這些衝突行為的目的和功能是什麼。成員向他人挑戰，或者成員挑戰領導者，就像是團體朝著自立而努力，領導者也經常被挑戰，稍後你將會在本章看到。

衝突與問題成員之間是有關連的，因為很多衝突都源自於處理問題成員的失敗而產生的。同時，團體中問題成員的出現，

也常使衝突升高。如果團體要進步，就必須認出衝突，而且公開地處理。

・成員之間的衝突

下列例句可指出團體轉換階段的特色：

- 「我覺得文華具有威脅性。」
- 「我不喜歡這種敵對情形。」
- 「我們為何把焦點都放在這負面的現象上？」
- 「有人在獨佔團體的時間。」
- 「有很多自作聰明的事情正進行著。」
- 「我不屬於這裏，因為我的問題不像其他的人那麼嚴重。」
- 「我已經厭煩了。」
- 「我們並沒有討論到真正的主題。」
- 「一些人好像他們都已經擁有一切。」
- 「我很難對孟倫坦白說話，因為他使我想起了我的男朋友。」
- 「家儒看起來很邊邊，令人厭煩。」

以上這些敘述，大部份都不是直接針對說話的人，而且具有消極性。事實上，對於這些句子的反應，可以由間接的面質改為直接的面質，如鼓勵把「某些人」、「他」或「她」改為將重點放在說話者自己身上，而非他人身上。如鼓勵雅惠告訴章凱她自己是個怎樣的人，以及她對他的感受，而不是告訴章凱他是個怎麼樣的人。

團體一定會經歷過這種轉變階段，而不應該退回到虛偽的

禮節中。但如何掌控此一階段的衝突是非常重要的。團體裏常會發現有代罪羔羊的人，以及給予個人過度消極的回饋或缺乏建設性的回饋。在此，領導者可引用一個技巧，將注意力從代罪羔羊者轉移到整個團體上——描述任何他們所看到的團體過程之性質及階段，並以誠實坦白的方法對處理衝突的重要性加以解釋。以下有幾種處理衝突的技巧：

- 「如果你已經厭煩，你會拒絕什麼？」
- 「請說明一下你爲何有此想法，以及當你說出感到厭煩之前，你的情緒如何？」
- 「請面對章凱坐下，告訴他在他面前你有何感覺。」隔一會兒之後再問：「你是否願意告訴章凱，他使你想起了誰，你們的經驗是什麼？」
- 「暫時假裝你是家儒，就像他一樣的邋遢，然後再想像如果你站在他的立場，會有什麼樣的想法與感受。」
- 「文華，你要說說被威脅的感覺是如何嗎？」
- 「琪安，妳說不屬於這個團體，因爲妳認爲妳的問題沒有其他人嚴重。請妳告訴每一個人，妳與他們不同的地方在那裏。一會兒之後，我們也會請他們說說他們對於妳的話有何意見。」
- 「雅惠，我在想是否妳的父母之中有一個人非常的嚴厲，如果是如此的話，妳可能認同他們的角色，而對章凱採取嚴厲的態度。」

在最後一個例子中，領導者的反應具有解釋的意味，較爲不恰當，除非當時的環境正確。進一步來說，這種干預傾向於把衝突轉移到這房間之外。也許在目前這個階段中，干預是適

當的，因爲這會帶領團體成員檢視或查驗當他們表達對別人的反應時，他們個人的動態面。同時，當成員已經指明這種關連的存在時（「孟倫使我想起我的男朋友」），它還可以讓成員擴大聯想。

一般情形，領導者應該注意那些被批評的人的反應，而不是先針對給予批評的人做反應。同時，教導成員他們參加團體是爲了要探索自己和表露自我，而不是想要改變別人。此時，領導者的是案可以刺激團體的進步。一般領導者應該示範區分「告訴章凱你認爲他是個怎麼樣的人」和「告訴章凱在回應他時，你有何感受」兩者有何不同。

另外，領導者應該給章凱一個機會，請他說明他聽了以後有什麼樣的感覺。如果他抗拒這個回饋，領導者應該強調對於別人說的話，只希望他能思考一下，並不一定要接受。領導者必須留心團體成員對他的斥喝，或是對他施加壓力。此時，可解釋團體成員找到了一個代罪羔羊，而不把注意力放在自己身上。無論如何，如果章凱允許進一步的發展，且有興趣探究回饋的成效，領導者可以鼓勵他談談有關別人認爲他是什麼樣的人。例如，如果章凱被告知他給人的感覺像在審判人一樣，而章凱也同意旁人常常會看到他的審判態度，或許他根本就是這類型的人，此時，領導者可以要求他誇張他的特性，以評判的態度對團體講話。

琪安認爲她並不屬於這個團體，因爲她的問題不像其他的人那麼嚴重。雖然焦點在自己身上，但卻也常轉變爲談論他人，以掩飾「我不屬於這裏，而你們都是，因爲你們都有病」的心態。你必須先鼓勵琪安繼續談論下去——這就是即將要發生的——然後再把重點拉回來，這樣琪安會比較誠實一些。譬如，

琪安相當害怕有著與其他人同樣的問題,而這種情緒會逐漸明朗化,如果她願意檢視自己生活中習慣性的掩飾衝突,那你就該探索她的害怕與什麼有關連。

害怕與抗拒的處理

一、我怕你不會喜歡我

我們經常會擷取成員所表達的一句話或說法,並且我們發展了一種技術,可以幫助他們探求那個能輕易阻礙他們在團體中互動的恐懼。例如,在下面的第一個例子裡,有個成員不讓自己去作對自己有利的工作,因為她自己認為團體不可能讚許或喜歡她,而停止自己的努力。我們的任務就是去幫助像文馨一樣的成員,瞭解她是怎麼停止努力的,並提供她一個緩和的力量來克服她的抗拒。

團體成員可能會覺得,如果他們說出他們的想法與感受,便不受其他人的歡迎。文馨是一個開放性團體的成員。在第四次討論的中間時段裏,有些成員告訴她,雖然她參加了團體,但是他們並不認為她能與大家分享她許多東西。文馨回答,她擔心如果她說得太多,他們可能會不喜歡她。另一個成員舒帆看到文馨有幾次在其他人表露自我時,顯現出不同意的表情,所以她認為文馨並不喜歡團體的其他成員。文馨說她發現自己的確是嚴厲地在考量別人。

此時,領導者可以要求文馨說說自己對於團體其他人的反應,包括嚴厲的批評。在每一個例子中,文馨的評語可能過於

直接和嚴苛，但是她也顯露出很多的洞察力與正常的關懷之意。因此文馨發現她的嚴苛具有建設性，而沒有破壞力，應該受到重視。當有人說出他們所害怕的嚴苛想法時，例如文馨的例子，才會覺得擔心害怕。舒帆的回饋對文馨是很有助益的，但是領導者也許更訝異似乎舒帆也在傳遞不贊同的態度。這是同時處理兩個人的問題的一個好機會。

有另一個處理文馨害怕不被喜歡的方法。你可以問她：「妳想，這房間裡有誰不喜歡妳？」、「在這裡，有什麼會使妳認為妳不受人喜歡？」這個處理方式的基本原理是她可能意識到某些人是不喜歡她的，她可能有情感轉移到一個特定的人身上，並且可以簡短地問她：「妳想誰不會喜歡妳？」在協助文馨上，最好是先將注意力集中在誰不喜歡她、這個人不喜歡她的什麼，此一方式能對團體互動產生豐富的題材。

二、「我不喜歡這裏的某個人」

我們辦理一個研習會（workshop），參與者之一兆敏宣稱他不想與某一個人分在同一組。我們犯了一個錯誤，不去注意兆敏的話，而後為此付出了代價，因為團體在發展信任和凝聚力上特別地緩慢。由於兆敏沒有確切地說出他不喜歡誰，因此，每一個都有嫌疑。但在這時我們不願直接面質兆敏，因為可以感覺到如此堅持要兆敏指出那個人是誰，這個團體會指責我們是權威人物。

一個領導者可以採用的技巧就是說些類似下面的話：「兆敏，我確信你剛剛說的話對這房裏的人有一些影響，而我希望你不會在此停住。你有了一個好的開始，所以多說一些吧。你會對這個人有什麼樣的反應？這個人又是如何地影響你的？如

果你不詳細談談你所有的這些反應，你將只會以你自己的方式來處理。」領導者知道，兆敏不說出來，必定將會阻礙他自己和其他人在團體中的參與。領導者所用的技巧是要挑戰他去冒險。如果領導者使用此一技巧了，成員能直接和他討論，並且就有機會去解決潛在的衝突。

三、「我很怕看到真正的內在自我」

我們探索錦誼內在衝突的一種象徵性方法，也許可以對她說：「我希望妳站在那個櫃子的門邊，假裝那裏面有妳隱藏不爲人知的一面。也許妳可以砰然地打開那扇門，看看裏面，然後告訴大家妳這樣做是因爲妳懷疑有什麼在裏面。」或者說：「也許妳可以站到櫃子裏面，當妳看到我們的時候，請告訴我們那裏面有什麼是妳擔心害怕的，讓妳不願把它公開出來。」

無法進一步說出是否活動會怎麼發展。在一種嬉戲輕鬆的心情下，人們會看得更透澈，錦誼在一種半開玩笑的態度下，也許可以很快地認清鎖在她內心的恐懼。錦誼或是團體其他的人可能有一個和櫃子有關的幼年經驗——例如，當他表現的情感不爲父母接受時，便會受到懲罰，這種經驗可能把力量帶進團體活動中。另一方式是鼓勵錦誼到另一個房間裏做上述的活動，讓她把重點放在團體真實的部份——有形的工作與回饋上。

另外也有一些技巧可在此運用。我們讓錦誼列出她可能同時產生的恐懼。經由完成以下的句子，她可輕易地列出清單：「有一件事我擔心會……這使我想起另外一件令人擔心的事，那是……」利用這種自己聯想的形式，我們可以激勵錦誼找出她的恐懼所隱含的目的。

四、「我不瞭解為何要與別人分享我們的感情？」

在團體進行多次之後，晉旺提出了這個疑問。領導者開始要注意是否其他人也有相同的疑問。此時可讓那些有疑問的人坐在團體的中央，告訴其他人為何表達情感是沒有用的。這個技巧讓他們有機會說出自己所碰到過的一些抗拒；這個抗拒可能會抑制團體的進行，而且這個技巧也可以間接地提供機會，讓他們做他們關心的事，表達他們的感受。表達之後，領導者可以問他們有何感覺，並鼓勵他們更進一步去探索。探索這種態度的另一個方法，就是讓這些成員談談他們過去的經驗，或是別人怎麼告訴他們有關於情感的表達。另一個技巧是讓那些情緒抑制的成員與情緒高昂的成員彼此對話，過幾分鐘後，再讓這些人互換立場，嘗試把自己放置在另一個人的處境上。

當一個類似晉旺的成員說出有關表達情感的事情時，你就必須要知道可能的動態性。晉旺認識自己感情的方法對他可能比較有效，然而和其他人認識情感的方式比較起來，可能就沒那麼戲劇化了，或是晉旺表達了團體普遍存在的抗拒現象。如果真的是這樣，那就有必要探索抗拒產生的原因。或者是晉旺害怕面對他自己的感情，碰到這種情形，你也可以採用下列任何一種技巧：

- 「在你生命的學習過程裏，你覺得那一階段對你擁有自己的感受有幫助？」
- 「你發現何種感受是特別不容易處理的？」
- 「你是否願意談談在這裏所經驗的每一個人，從他們對你的情感表達，你獲得了些什麼？」

- 「如果你的父母在這裏,他們會對你所表達的情感說些什麼?」
- 「你願意告訴在場的每一個人,你曾遇見誰曾表達過那種感受嗎?」
- 「請你走到每一個人的面前,猜想如果你表達了更多的情感,他們對你會有何想法?」
- 「你能談談如果團體繼續表達這麼多的情感,你想可能會發生什麼糟糕的事情?」
- 「假設你今天決定怎麼樣都不開放表達自己的情感。如果你一直堅持這個決定不變,十年之後你的生活將是如何?」

　　你可能願意或不願意檢查有關的幼兒時期所接受到的訓誡,但是當團體裏有成員擔心表達情緒會受到影響時,你就可以確定檢查這些相關訓誡還是有用的。很多人在孩提時常被告誡要克制自己的感情,而其他人也證實表達感情會有不好的結果。他們可能接受父母親的命令,必須抑制情感或他們應該緊閉嘴巴。當他們是孩童時,如果他們膽敢表達出任何的情感,就可能會碰到父母親嚴厲的責備。此外,他們從家庭所學到的,他們可能聽任文化的指示,而抑制自己的情感,以免遭致別人的非難。上述的活動就是想把晉旺早期形成的讓別人知道自己的感情是危險的決定提到表面來。

五、「我們的團體似乎卡在那裏,停止不動了」

　　當成員說出這句話時,領導者除了檢視他們自己的責任之外,還需要探索團體本身放慢腳步的動態因素。如果在此時一

定要運用技巧，目標應能為團體被卡住不動找出理由，不要使團體硬生生地進行下去。我們的目的是鼓勵成員說出他們在想些什麼，也許可以用活動來做，例如：「也許你們每一個人可以說說是否我們真的停滯不前。若真是如此，這是怎麼發生的？」靈活地運用成員所說的隱喻，可能會有幫助。例如利用瓊琳的說法：「我們似乎卡在誹謗的話中。」領導者可能會建議：「如果我們每個人都卡在誹謗的話裏，那會怎麼樣？什麼使我們在此陷入泥沼中？」

　　除了有沒有清楚的技巧協助外，重要的關鍵是要說出團體到底怎麼了。許多事在團體中發生，但問題是成員並不表達他們所想要的和所感受到的；在某些層次上，他們會選擇維持停滯的狀態。任何運用來降低焦慮的技巧，都是把成員對團體停置在某一點上的責任拿開。一個比較好的技巧是單純地挑戰成員，請他們大聲說出曾對自己說過的一些話。這個策略可以開啟那些隱藏起來的議題，並提供一些討論與解決這些議題的機會。雖然，許多成員並未急著說出他們所關心的事，但是現在，領導者可以從成員那兒聽到類似的話。

　　夏蓉：「在這裏我仍然不願意說得太多，因為每次這樣做，其他人似乎都在責備我。所以我決定回到我的座位上觀看這場遊戲。」領導者可以探索夏蓉她何以視這團體為一場遊戲的開始，然後領導者請她指出誰在攻擊她。這個方法可讓領導者與團體一起討論攻擊與關懷的面質（caring confrontation）有何區別。也許夏蓉對建設性的面質都有防衛，或者是領導者和成員有強烈的侵略性。這個技巧可讓領導者發現障礙是否在於夏蓉，或者大多數的成員也有這層障礙。如果面質不能為團體所掌握，那麼領導者就需要教導並示範面質的有效方法。

翠雲說：「我真的很怕讓自己投入團體，因為我不想哭，如果我開始哭，只會揭露我更多無法縫合的創傷。所以我還是讓自己保留些。」在此，如果翠雲願意冒險，談談假使她哭了，可能會發生那些很糟糕的事。如果打開傷口的話，她認為可能會治癒些什麼。順著這個想像，翠雲是否要繼續抑制，自己可以有個清楚的概念。

錫坤說：「對我而言，這是個恐怖的團體。我擔心如果我把恐懼說出來，我可能會瘋掉。」領導者可以請錫坤想像一下，如果在團體裏瘋掉可能會是什麼樣子。也可能擔心他的憤怒或是擔心傷害他人，擔心被視為異類，擔心失去控制，因此，就可以處理這明確的恐懼了。或者錫坤可以經由對團體說出他想像如果真的瘋了，他會是什麼樣子，以便更深層地探索他原始的恐懼。他有什麼感覺？別人會怎麼看他？當他離開團體的時候，如何處理在團體裏所公開的事情？這是好的開始，領導者可順著探索下去，但必須先確定錫坤願意這樣做。

慧雯說：「我似乎不知道究竟自己想從團體裏學到些什麼。當我來到團體時，我就很難決定到底要說些什麼。生活周遭的一切事情，似乎是那麼的美好，我不知道我們有什麼問題可以在此提出來的。」她停滯沒有進展是因為她不想再參加團體。她沒有需要探討問題的感受，或者她還未能找到生活中有那些特殊的地方需要改變。這些問題很值得在團體裏提出來，因為結果可能是慧雯決定退出團體。

允政說：「坦白地說，我覺得團體根本就在原地打轉，因為我們從來就沒有徹底解決過某個人的問題，都只是輕描淡寫地帶過。如果我們不解決我們從團體外帶來的問題，那麼要這個團體幹什麼呢？」在此一個案裏，領導者可以處理允政視團

體爲一個解決問題之處的期望。他可能希望以簡易的方法解決複雜的問題，此時領導者需要肯定地告訴成員，團體的目標不只是在解決問題，而且還能讓成員有機會看清個人的問題所在，以及從各種不同的角度來探討問題。若將團體目的限定在解決問題上，會造成成員光提供建議勸告，而忽略個人的存在；這種方式只會阻礙成員表達個人感受的機會。

美娜說：「我對我的問題又該怎麼辦呢？我不知道我該要求離婚或者只要處理婚姻上的一些障礙就可以。我不認爲自己能爲這件事做決定，所以我到團體來，希望團體能給我一些建議。」美娜覺得沒有進步是因爲她不認爲自己比進入團體之前更能做決定。在這裏有個機會可以處理美娜對其他成員和領導者的期望，她期待他人給予她一個答案，因爲她不願自己來做決定和承擔後果，或者也可能是她不信任自己所做的決定。打破這種僵局的方法之一，是讓她明確瞭解自己願意爲自己的生活負多少責任。她可能會利用團體來替她做決定，分擔她的責任。這個問題必須在美娜想解決她的困難之前，就應先有一番認識。

這個例子說明，確實團體裏有很多事情需要處理。成員沒有進步大都是因爲他們不願意把對自己說的話向團體公開。這裏所使用的基本技巧，在於鼓勵成員公開他們所經驗到的想法與感受。無論何時，當成員以整個團體立場來說話時，我們必然會挑戰這個人，問說：「你對團體沒有進展覺得怎麼樣？」、「這個情形與你有何關係？」我們的處遇就是在使那些對團體沒有進展表示意見的成員，能對個人所說的感受負起責任。這個技巧提供很多處理的基本要素，團體也將不再停滯不前。

六、「我在這裏沒有安全感」

芳育告訴團體,她看見他們都能公開地分享自己的感覺及坦然地談論他們自己,這對她來說卻不是件容易的事。她又說,她也希望能夠讓大家知道她是什麼樣子的人,但是總覺得有些不安全感。她同意探究她受阻的原因。

領導者可以用很多技巧來幫助芳育探討團體可以成為她一個比較安全的地方。一個直接的方法就是簡單地對她說:「芳育,我想妳是否能告訴我們,在這裏的幾個禮拜感覺自己像什麼?你是否也願意讓我們知道,對於這裏團體的氣氛你有什麼感覺?對於抑制你自己的感情有何想法?」這些問題可讓芳育表露身為團體的一份子,她的感受為何,而不要求立即談她個人的問題。

如果芳育願意說出身為團體成員的感受,就可能會提供許多更進一步解決問題的線索。她也許知道自己怕被其他人評斷,當要她挑選一位團體成員時,芳育選擇興宗。然後領導者對她說:「芳育,是否妳願意看著興宗,告訴他如果妳讓他知道妳是誰的話,妳想他會對自己或其他人說些什麼。如果妳可以不經排演,而說出每一件妳所想到的興宗可能會對妳做的判斷,那將會很有幫助的。」這個技巧可以提供芳育與興宗相互對話的機會。所持的理由是讓芳育有個機會說出她的假設,並能將之證印。芳育也許會認為興宗對她有相當嚴苛的批評,或者認為他可能不會喜歡她,更不可能對她感興趣。而興宗真正的想法卻可能是他想知道芳育更多的事情,他希望她能參與團體,除非芳育證實她的推斷,否則她會一直認為她的想法是對的。

在領導者處理完芳育的事後，他可以再問團體的其他成員是否他們也有像芳育一樣的想法。如果真的有一位或多位成員有不安全的感覺，他們和芳育可以形成一個內團體（inner circle），互相說出他們在團體內所覺知到的危險，以及他們在團體裏的感覺。同時也可以談談他們應該怎麼做，才能使團體成為對他們來說是一個更安全的地方。其他成員可以給予他們回饋與反應。

　　另外一種可以選擇的策略是領導者讓芳育表達出潛在的非理性信念——每一個人都在評估她，而她必須獲得每一個人的贊同——以及評估這個信念的效用。領導者可以建議芳育公開向大家說明留意其他人的評斷，以及獲得大家贊同的重要性，並鼓勵她說出如果每一個人都無法得到這贊同，將會多麼的可怕。在她公開之後，領導者再以下列類似的問題深入探索：

- 「誰告訴妳一定要獲得每個人的贊同？這個是否阻礙妳成為妳想成為的人？」
- 「你尋求獲得眾人贊同的代價是什麼？值得嗎？」
- 「別人如何看你比你自己看自己還有用和重要嗎？」
- 「別人對你的看法，有多少是你沒有印證過的？」

　　另一個方法讓芳育在這個星期內省察自己的行為，當她感到被評斷時，便做筆記記下時間、情境、她的感情和她告訴自己的話。做這種筆記，芳育會更瞭解她內心的對話，如何帶來被評斷的感覺。芳育可以把她的筆記帶到團體來，告訴大家她所瞭解的行為型態。同時她可以想想在這些情境下，她的行為有何不同，並也在團體裏以角色扮演的方式演練經過選擇的特定行為。

例如，芳育報告當她把車送回店裏，修得不怎麼樣，卻向她索價一百五十元，使她感到非常焦慮。雖然芳育因為那糟糕的引擎而把車送回汽車商店，向技工說明時她卻變得很內疚，也不堅持修車不應再加價，結果又另外多付了五十元，讓她覺得相當不舒服。在回家的路上，她告訴自己多麼快就放棄了，以及她多麼想獲得那個技工的贊同，使她不能直接成為她想成為的人。在團體討論裏，芳育可以經由角色扮演的方式，訓練她對技工表達肯定性行為。其他人可以針對她認為不錯但卻讓她無法得到她想要的無效行為，給她很清楚的回饋。成員也可以訓練芳育以肯定的態度來說話，或是改用一種不同的姿態，或改變說話的聲調。除了團體裏這些肯定性的訓練之外，芳育也能被要求評估她的基本信念和想法，以決定它們如何使她逃避她想成為的模樣。

上述及前述的例子裏，指出在團體轉換階段信任的問題沒有被解決時，它可能一次又一次地浮現在團體過程中，通常在強烈情感之後出現。一般的徵兆有沉默、死氣沉沉，或很表面地談問題。領導者應該對這些線索保持警覺心，信任感一直都是團體中一種未表達的關係，為了能進入探討個人的問題，必須尋找表現信任的方法或媒介。例如，首先在芳育能公開與大家討論她的私事或其他人的不信任之前，就必須處理她缺乏信任的感覺，包括對自己表達想法和感受的不信任。由於處理了信任感的問題，她開放了自己談她的「失敗」，並沒有因為恐懼別人會認為她很糟糕而被震嚇住了。

七、「我無法認同這裏的任何一個人」

銘欽是一個退休的政府官員，因為受到他太太的逼迫而來

到這個團體，她抱怨他沒有感覺。在團體中，除了表示他認為誰是不對的，以及他們自己應該如何振作起來和處理他們的問題之外，他很少為團體付出些什麼。他常常看起來很嚴厲和沒有耐心。最後，靜秋說她希望他能再開放一些。他答道：「我實在無法認同這裏的任何一人。也許這是你們與我有相當的年齡差距，或者只是你們所關切的與我不同罷了。」此時，領導者可以提議進行下列的活動，諸如：

- 「銘欽，告訴團體每一個人，你與他或她有怎麼樣的差別，然後再加上『……而我真的與你有很大的差別』。」
- 「請走到團體外來增強你的距離感，然後告訴我們你在外面有什麼感覺。」
- 「站在椅子上，居高臨下看著大家，並告訴我們你和團體的每一個人有何不同。」
- 「選一個你覺得他與你最相像的人，然後告訴那個人你們是如何的相像。」
- 「選一個你最無法認同的人，告訴那個人你們是如何的不相像。」
- 「想像你在團體聚會後的回家途中，仔細考慮後，大聲地說出你如何在這個團體中與眾不同。」
- 「再次想像你正在開車回家的路上，假設在某些方面你真的非常喜歡這裡的每一個人。請一一找出你可以喜歡每一人的方式。當你已經找到時，請大聲地說出來，即使是微不足道的。」

這個技巧促使銘欽檢驗自己的假設。他對別人缺乏認同感可能是一種防衛的表現。他可以探索造成不能認同他人的孤

獨，或瞭解做個局外人所能得到的東西。

　　經過這一回合，領導者可以問銘欽他的感覺是否有所改變，以及是否他有興趣探索生活中與其他人的分離情形。他告訴領導者，他對她的婚姻感到寂寞。「是否你能挑選一個最能使你想起你太太的人，把你將對我們說的話告訴她？或者你可以告訴她你以前沒有說過的一些事。」銘欽也許會說：「我不能那樣做。這裏沒有一個人可使我想起我的太太，我不瞭解這樣做到底有什麼好處。」

　　處理銘欽的抗拒，領導者必須清楚銘欽是如何影響自己，並在引導銘欽更進一步探索他想的事上，還要投入多少。他可能就需要提醒自己，銘欽生活了一輩子卻沒有把自己表達出來。在此，一個好的技巧就是讓他投入自己的抗拒：「好的，銘欽，這裏沒人會強迫你做你不想做的事。但你必須告訴我，你想要什麼。」或者，如果領導者約略知道銘欽是想討論他自己的問題，他應該再推他一把：「那麼，銘欽，也許是沒有什麼事情，但是，如果你願意的話，我希望你能對某一個人說話，好像他是你的太太。如果你嘗試這麼做，你也許可以對你以前不清楚的感覺瞭解更多。」

　　處理一個像銘欽的成員，可能是領導者碰到最困難的工作之一。銘欽可能很容易就成為團體敵意的標靶（target），而敵意可能也只會增加他的防衛心理。在此情形下，領導者必須學習著慎防他被人攻擊。如果，領導者不信任自己的能力，那麼他可能會把銘欽當作藉口，忘了對團體其他人的責任，以及因為他的抗拒而責備自己。

處理對領導者的挑戰

一、與領導者的衝突

　　團體轉換階段的特性之一，就是成員增加了向領導者挑戰的意願。而這種情形經常能為團體邁向工作階段鋪路。剛開始的時候，成員可能會對領導者所說的多做包容，沒有太多的反應。如果成員在團體早期對領導者有一些負向反應，他們多半會隱藏起來。當團體繼續進行，成員往往對於表達一些他們已想過的，和內心不斷重述的事有更高的意願。如此一來，成員挑戰領導型態能使他們感到安全，並能使其對相互之間的面質有所準備。如何處理這種挑戰，對團體的未來有決定性的影響。如果領導者過度防衛，拒絕接受批評，那麼將影響成員彼此坦誠的交往，而且有害團體信任感的建立。本質上，這種領導者會建立雙重標準——一是成員之間交往的規則，另一是領導者與他們互動的規則。對於領導者的挑戰大部份是有事實根據的，即使是象徵性的價值觀念，或是在這種回饋中有情感轉移的要素。值此之際，最好領導者能先接受眼前的回饋。領導者若太快解釋此種回饋只是成員情感的投射或轉移，將會使批評的成員封閉自我，而且使團體對於面質產生過度的謹慎。當然，團體最終的目的是讓成員從對別人的反應中，學習瞭解自己及過去的經驗。但是在這階段上，他們要能信任自己的情緒，並且將它表達出來。領導者為了想回到某個時段的回饋的重要關鍵上，也許心理上要留個記號。

領導者對於他們的領導角色（「今天早上美秀哭的時候，你卻留下她一個人在那裏」、「你爲何讓這種攻擊行爲繼續進行？」）和個人的性格（「你相當冷漠且不容易親近」、「你具有相當的權威性格」）能有正確的認識。領導者有必要去探究成員對他們所說的話。他們可以問些問題，例如：「你認爲我所做的，你看起來像是冷漠和不容易親近的？」、「你看到什麼是具有攻擊性的行爲？」、「你希望我爲美秀做些什麼，好讓她不哭？」我們必須強調規則對成員和領導者一樣適用。這是個示範自我開放和傾聽回饋的好機會。但是領導者不應該因爲帶頭示範自我開放，就放棄了他們的領導責任，認爲他們只是「另外一個成員」，或對他們的性格做無止盡的分析。

二、「爲什麼我們老是著重負面的問題」

文娟對領導者說出她的不耐煩，她認爲領導者希望成員一直不斷提出問題。接著她又說，我們總是有問題可以提出來討論：「似乎我們在團體裏所重視的，都是些負面消極的問題。我看不出是什麼制止我們討論一些正向的事。每次離開團體時，我都相當沮喪，因爲我們太專注於挖掘問題了。對於領導者總是將一些緊急的議題帶進這裡，我感到有壓迫感。」

在決定處理的技巧之前，領導者應該先搞清楚文娟說團體太重視負面的問題究竟有何含意。他們可以問她有關她從他們緊急的議題所感受的壓力。他們可以問她，若不是爲了去獲得某些澄清，和學習較佳的方式來處理她認爲困難事情，那麼她爲什麼來參加團體。關於她在意把焦點放在負面的問題上，可能有一些意義：

- 文娟可能習慣用逃避的方式處理衝突。當團體衝突出現時，她便感到不安，想採用平常處理的方式──逃避問題，或企圖平息事情。

- 文娟可能內心有很多痛苦，但她害怕去挖掘。因為其他成員談論他們的痛苦引起她的焦慮，所以她寧可他們談一些快樂的事。

- 也許文娟害怕沮喪的感覺。她擔心如果真的讓自己去經歷沮喪的感覺，她將會掉入無法自拔的情緒低潮。因此，文娟寧可談些積極的事情，而不願陷入沮喪。

- 文娟可能嫉妒別人的問題，而且對自身的努力感到害怕，因為這些問題看起來並不比其他人來得緊急，將不會受到歡迎。

- 文娟可能害怕生氣。例如，當另位成員直接對她生氣時，引起她相當的焦慮，或者只是看到其他成員生氣便被嚇著了。

所有這些的可能情形都牽涉到恐懼與抗拒。處理的方法已經在本章第一節中說明過了。

然而，如果文娟在她說領導者希望成員不斷地提出問題來維持團體進行的時候，情緒顯得相當的激動，那麼領導者可以運用方法處理她的投射問題。其中有個技巧是讓她扮演團體領導者，她可以依自己的意願，對整個團體說話，告訴他們在團體裏應該怎麼做和做些什麼。

一旦讓文娟把心裏的投射和期望公開出來，也許多少可以解決一部份。例如，領導者可能對文娟說：「妳可能認為我們多少對團體出現負面的情緒負有責任，事實上，畢竟我們是團

體中重視這些負面情緒的人。我們也可以將團體導引至另一個方向來避免這些負面情緒。妳希望團體在某些方面做更深入地探討嗎？妳希望我們做那些改變？」如果文娟的回答是肯定的，她可以對每個人談談怕他們什麼，以及每個人該如何做才能使她感覺舒服些。她可能告訴桂蘭快樂點，多想想自己擁有多少幸福，少強調不幸的事。她也可能告訴志賢不要生氣，因為他的生氣嚇到她了。領導者可以再聽下去，以便從中發現一些問題的癥結所在。文娟想使團體中的事情進行順利，讓團體多注重快樂的事，可能是因為她在家裏正是扮演著製造和平的角色。如果文娟願意就這方面來改變她的行為，領導者可以運用些技巧激勵她去實行。

如果已經建立了信任的程度，領導者可以要求文娟告訴那些深入他們問題的人，她是多麼厭煩聽他們說話。她可以一次指出這些成員，並讓他們知道他們所做的是如何影響著她。對她和團體中她所指出的其他人而言，這是一個強有力的催化劑。他們可以察覺到她的反應，而這可能制止他們更深入地討論他們的問題。其他的成員可能害怕她的評斷與批評，而這個技巧將可能把這些反應帶到檯面上來。由於她最厭煩聽那些人說話，文娟可能無從遮掩她的內在心理反應。可能她正試圖去避免面對這些問題，也可能是這些人正象徵著某些與她有緊張關係的人。再次地，如果她覺得準備好了，可以在團體中討論問題並處理問題的話，她可能就會接受做深入探究的挑戰。

處理文娟問題的另外其他的策略，是讓她完成以下這些句子：

‧「當我周遭的人表達出負面的想法或感受時，我……」

- 「如果只有領導者願意……」
- 「這使我想起……」

這種完成句子的技巧是想揭露她生活中某些特別有影響的事情，以及瞭解從生活的負面經驗裏學到些什麼。這個技巧可以為更進一步的探討，提供綜合性的資料。

三、「你們領導者對自己的分享都不夠」

在團體裏這類的話是健康的象徵，因為它指出成員已經意識到一種不平等的現象，換句話說，領導者與團體所有的成員是有區別的，他們不會對自己說得太多。針對這一點，領導者此時可以暫時放棄他們的角色，如果他們拋出自己的過去點滴片斷，可以撫慰團體之外，還可以指出他們在團體裏跟成員都是一樣，只不過是站在領導者的位置上，而不是單為自己負有治療的目的。當然他們能與成員分享有關成員個人和團體的想法與感受，且說出自己在團體之中，所接觸到個人的問題，只不過是他們以治療者的身分都能接納這些問題。

領導者也不必為他們的角色而辯解。經由表達關切注意成員，團體將會認識他們。領導者不必談論個人的問題而有很多方式可以讓人更認識他。換句話說，如果領導者必須證明他只是常人，那麼將會傷害自己。團體工作者在團體中有不同的目標是很自然的事實。如果領導者對他們不同的角色感到心虛就錯了。很重要的是，他們不需要因這種不同而心存歉疚，但他們可以探討「對自己的分享都不夠」的意義。對於要他們多做一些開放的成員來說，領導者的回應是很不容易的。他們不是傳達非防衛和願意的態度來反映所說的內容，就是會以尖銳和

嚴厲的態度所傳達出來的優越感來做回應。同時，領導者也不必給人一種已經經歷過了而不需再為自己努力的印象；領導者可以讓成員知道他仍然在為自己生活目標奮鬥，但是他不認為在自己領導的團體裏追求這些目標是適當的。

領導者可以檢驗那些要求他們表白更多自我的人的動機，他們通常就是那些生氣領導者在團體時間打斷他探索個人問題的人，或者在領導者分享他們自己的事情，諸如能力不足的感受，他們就會表現出做作的謙讓。通常挑戰是基於成員需要排除他們自己的焦慮和壓力，或是壓低領導者的氣勢，使他們能夠比較鎮定。

一些領導者對於不只是能分享現在感受而覺得舒服，並且也因某些人的探索，浮現自己過去的感情而感到相當的舒適。這個要素是進行更深層團體工作的觸媒。但領導者不應該只是成員希望他們表露這些問題和感情，而領導者就這麼做。領導者會發現調和自己對他們的感受，包括現在所產生和回憶過去所引發的感受，可以成為傾聽別人最好的工具。在進行團體之前和下次團體進行期間，領導者需要時間回顧與注意自己生活中過去和現階段所關心的事。

可能對於觸探他們自己的感受做為帶領團體的先決條件，其他領導者沒有興趣。如果那時有情緒存在，或是假使他們在團體過程中有了情緒，他們可能把它表達出來，但是他們不覺得有需要去挑起情緒。有一些領導者也許不能立即克制住他們自己強烈的感情，基本上保持以案主為重點，將全付注意力放在團體而非他們自己身上。如果一項個人事件阻礙協助成員，領導者只有在加以澄清後，才能繼續和案主一起工作時，方可以在團體中處理它。無論如何，領導者將現在的情緒，以能夠

使他繼續協助案主之方式帶進團體是非常重要的。例如，如果領導者對某位成員的反應是憤怒、無聊或是煩惱，那麼他是不可以立即表示出這些反應的。不過，如果這些反應繼續存在，而且以影響領導者協助案主之方式進入團體，領導者就必須和成員分享一些感受，使它們不致干擾他與成員的關係。假使領導者想嘗試教導成員情緒沒有什麼錯，其中一個最好的教導方式就是他們必須以真實的自我來表達感情。

這裏主要的重點是領導者不該犧牲成員權益來處理自己的事。如果成員提出能力不足的恐懼，領導者可以提出自己某方面相似的情形，以鼓勵成員更深層的探索。但是如果整個團體停滯不前，以致於領導者大談自己無能的情緒感受，那就有失團體的目的了，領導者的角色也就變得模糊。如果領導者自己成長的問題帶進團體中，就像平時一樣，他們將會發現大多數的個人事件都被延緩討論。

四、「你們領導者沒有把工作做對」

這種挑戰有很多種形式。成員也許會說領導者「不是真的關心我們」、「是反對我們」、「指示我們太多」、「指導我們不夠」、「不讓我們開始」、「過度地催促人們」、「讓人吊在半空中」、「太過注重痛苦和傷害」、「利用來滿足你自己的需求」、「不是真正知道你在做什麼」、「你似乎有很多的牽絆，那你又如何來領導我們？」。有個技巧是這麼說的：「那麼，今天的時間到了，下週再見！」

嚴格地說，這種挑戰使團體變得有自主性，可視之為一種健康的徵兆。在這種情形下，你不能有防衛心理，你也不能輕易終止團體過程必要的面質，你更不能因此就認定自己是失敗

的。你可以詢問成員：「我沒有給你什麼？你想從我這裡得到什麼是你尚未得到的？」或者你可以說：「多告訴我一些，你不喜歡我所做的或沒做的是什麼？」當成員回答時，要傾聽，同時避免回應太快，並且也要以不防衛的姿態來進行。當他們回應後，你接受他們所說的，你可以分享你聽到的反應，以及這些是如何感動你的。袪除防衛的一個技巧是把這些話帶給你的感覺與大家分享，然後看看團體其他人是否認同那些興起挑戰的成員的意見。在這個時刻裏，你可以示範希望成員學習的行為，包括願意探索引起防衛態度的事件。

另一個技巧是詢問團體成員，如果他們真的有意願，他們希望事情有怎樣的改變，你再告訴他們是否願意及為什麼做些成員希望的事情。例如，成員也許會說希望當他們感覺團體僵滯不前或沉默很久的時候，你能運用一些技巧。而你可能回答你不希望攬太多的責任在身上，團體應該為自己所要達成的目標共同負擔責任。這個技巧允許成員澄清他們的希望，也能讓你公開討論你的看法。事實上，你可能先發動挑戰，告訴他們，你希望看到團體怎樣進行。

在此所提到的技術裏，你要能先承認挑戰之中事實的部份，當然，你同時也可以探索成員投射的可能性。通常領導者對成員的抱怨比成員對領導者的抱怨還更為重要。如果你表現接納的模範及處理自己心理防衛的能力，那麼你才有可能要求團體成員探索自己挑剔別人的部分。

五、「你們這些傢伙毀了它」

每一個新進的團體領導者都會擔心犯錯，身為領導者的你給予團體任何的東西都值得探索。不論團體成員認為你是神奇

的或是失敗的，他們所回應的方式可以給他們自己很多，而且即使你還在擔心團體功能與效率，一旦你自己的自發性和直覺跑了出來，開始比較不擔心的時候，你會做得更好。最重要的，有時候領導者要修正錯誤——懊惱干預團體，採用他們希望有所不同的技巧。當領導者強迫自己照預定程序進行團體，而不是有足夠的準備才隨成員進行，就會發生錯誤。

處理一個指導錯誤的技巧，最經濟、最適宜的方法就是承認錯誤。當我們承認自己的錯誤時，很少會感覺到失去成員對我們的尊重，如果我們不願意承認錯誤，而且想把它拋諸腦後，只會發現困難不僅沒有減少，反而增加很多。這是個絕佳的機會示範認錯，而沒有不當的防衛及良心的責備。通常領導者在承認錯誤之後，不適當的干預所引起的情緒會消失。不過，有時它不會消失，但是可以再重拾原先的論題。這時的重點是你不能把自己隱藏在你的角色後面，或是認定自己必須十全十美，你也不要嘗試使用另一個技巧來掩飾錯誤。只要你不是想用一堆把戲來掩飾，即使曾經做錯，它有時也能產生一個創造性技巧，以建設性的方向探索團體的反應。

現在列出一些我們做團體活動時，實務者可能會犯下的錯誤實例是：

- 我們給予的指示太過明細、複雜，或是不易瞭解。
- 當我們不清楚案主在說些什麼，或對於如何幫助他們不夠明白時，就輕率地採用技巧。
- 我們對案主的抗拒沒有足夠的敏銳度，以配合技巧之使用。
- 我們太過於固執地追求使用一種技巧應有的結果，也沒

有足夠技巧轉變成讓案主帶領我們。

‧開個玩笑或使用的幽默技巧，背離了成員的嚴肅心情。

‧我們喪失讓團體進步的關鍵時刻，因為花太多時間進行技巧或尋求支持。

‧在另一個團體裏用得效果不錯的技巧，我們常不自然地強行用在另一個團體裏。

‧在執行技巧時，我們很少能控制好時間，大多是我們對成員自己的步調不夠敏銳，也太執著自己對成員的解釋或希望。

‧我們太快且運用了太多的回饋技巧，如此會把成員壓得喘不過氣來。

‧我們安排了角色扮演的情境，並要求成員加入，但卻忘記了有些情境會帶來不合適的痛苦。

‧當我們沒有能力足以處理團體裏被隱藏但已經出現的問題時，卻運用技巧把問題顯露出來。

‧在每次團體中，我們心中都已有技巧和觸媒，但卻不知道是我們計劃得太過詳細，或是沒有足夠緩和成員的心情，而無法發揮出來。

‧在團體中感受到威脅之後，我們有心理防衛且較平時沒有治療性。

‧未能對一個該得到個人性反應的人提供個人性回應。

‧團體已經準備好可以進行問題探索，而不需要解凍技巧時，我們還在使用。

結　論

　　在團體的轉換階段中，領導者的重要任務如下：在團體中持續建立信任和凝聚力；持續地請成員體認和處理他們的恐懼、焦慮和猶豫；瞭解消極的反應和在團體內的衝突；指出認知和處理成員間衝突的價值；被質疑時，做非防衛行為的示範；降低成員對領導者的依賴，並提昇個人的責任感；鼓勵成員表達對團體所保留的感受；幫助成員學習如何理解他們逃避的方式，和教導他們挑戰抗拒的方法；教導成員直接和有效的面質，並且使成員決定在團體中要以何種他們願意的方式來做改變。

　　我們以一些有效面質的指導原則來結束本文。對領導者和成員都一樣，面質是需要小心處理的事，但往往在沒有充分的技巧與敏銳力的情形下被使用。除非是用一種謹慎的態度來展現技巧，否則面質可能無法使參與者瞭解和處理他們的抗拒。領導者的功能之一是為成員示範具有建設性的面質，並且教導他們如何以誠實和敏銳的態度來彼此面對。以下是一些你可以用在你身上的一些原則：

- 面質是建立在你關心要被面質的人的假設上。它有助於你想像自己是那個接受你面質的人。
- 如果你面質一個人，比較從自己做出發點，讓對方知道你面質他（她）的目的。你可以說：「你所主張的困擾著我，而且我希望你能在團體中說得仔細一些。」
- 在面質其他人時，主要在談你自己，以及你在團體中是

如何被他們所說或所做的事所影響。比起說「你不可能去談論這件事」，恰當的說法是「和你討論這件事，我覺得有很大的困難」。前者的陳述極可能會助長防衛心理。

· 在面質人們的時候，描述你看見他們在做什麼，並避免標籤他們或評斷他們。告訴一個人他（她）說得太多，並且是一個壟斷者，這是沒有益處的。一個比較有效的面質是：「我想要聽你說話和瞭解你，但我有時會因你的話而感到困惑，而且不知道你真正希望我要聽到的是什麼。」

· 用鼓勵你想要他們持續表現行為的方式來做面質。如果你說「你從不說話，而現在是你該開口說話的時候」，可能會使對方更不講話，倒不如說「當你說話時我很高興，而且我從你那裏學到很多」，這將有助於他們表達自己。

· 要敏銳覺察你面質的時機。例如，當這個成員正在討論參與不力時，別面質他（她）。反之，要強化該成員對於改變的動機。

問題與活動

1.你會如何描述在轉換階段的團體特質？在此階段，就你所見，作為一個領導者，你的主要任務是什麼？

2.面對一個因為抗拒而拒絕所有處遇嘗試的成員，你會如何反應？你的策略會如何受團體是志願或非志願的影響？

3. 想像你是團體的一員。你的何種些行為會構成抗拒？你會用什麼特殊的方法來抗拒？什麼技巧在鼓勵你處理你的抗拒上將會特別有效或無效？

4. 對於把詢問當成技巧，你的想法是什麼？在封閉問句和開放問句中，你所看到的差別是什麼？

5. 你的團體成員不停地一再問問題。在此，你會引用何種類型技巧？

6. 一些你帶領的團體成員在團體一開始的時候，就為自己貼上標籤來自我設限（如「壟斷者」、「軟弱者」、「團體的照護者」），你會如何處理？

7. 你會用何種指標去決定某個你認為相處困難的團體成員，確實在團體中有不良後果的表現，或是否這個成員會使你想起某些你未解決的私人問題？

8. 你能想出有那些具有普遍性的指導原則，能有效地處理團體成員的問題行為嗎？

9. 你有一個用很多方式來獲取別人注意的團體成員。每當焦點不在他身上時，不論時間長短，他就會表現出引起注意的行為。而且當注意力放在他身上時，他會長篇大論，使人覺得厭煩和憤怒。你能想到任何技巧適用於此情況嗎？

10. 通常文華是嘲諷和不友善的。他以他間接評論的方式阻礙其他人的問題處理。你發現因為他發洩怒氣的態度，導致信任程度降低。你會如何掌控這個情況？對於其他成員對他的反應，你將會做些什麼？

11. 麗玲經常告訴其他人，他們應該如何，而且她也會很快地對他們的問題提供解決方法。當他們的處理失敗後，她自己也同時逃避別人注意她。在此種情況下，你能想出採用任何一

種技巧來處理嗎？

12.想像一下，當銘欽說他無法和團體中的任何一人打成一片時，團體成員會對銘欽變得多不友善。描述一些處理這種情況可能的技巧。如果銘欽在初次聚會就做了評論，你可能會接受或拒絕他加入團體？為什麼？

13.你的團體成員說他們停滯不前，並且不知道該往何處。對於他們的抱怨，以及使他們有所進展的職責，你的想法是什麼？

14.就本章處理成員抱怨他們停滯不前的部份，找一找我們認為領導者可以扮演的不同角色，並解釋你對此角色的觀點。

15.芳育批評在團體中的她有不安全感。如果你是團體中的成員，團體需要什麼才能使你感到安全？領導者要怎麼做才是最好的？

16.就像文娟所說的，團體常將焦點放在負面的感受上。如果她以此提議挑戰你，你會如何回應？在你的團體中，從強烈地表達了如悲傷或生氣情緒的人身上，你會如何獲取資料？對此議題，你個人的看法會如何影響你在團體中的處遇？

17.瀏覽一下本章列出的問題成員清單，並思考一下其他你發現的問題成員。你認為何種問題行為的型態，是你覺得最麻煩的？而你行為反應的個人動力為何？

18.有一些權力的衝突和努力在團體內是看不到的。在處理衝突時，你會如何思考技巧的運用？你認為在團體中衝突具有治療的價值嗎？請解釋。

19.在第五次聚會時，有一個成員在相對上比較沈默，最後因為不信任你的領導而面質你。你會如何處理這種挑戰？

20.在一個你領導的團體裏，幾次聚會後，成員間產生一個重要

的衝突。最後有一個害羞和寡言的男生問你：「為什麼你允許所有的這些衝突和吵嘴發生呢？這些對任何一個人有什麼好處？」你會說些什麼？你會傾向從何處著手？

21.你會想到何種技巧使成員看到各次聚會間的連接？你會如何幫助他們在團體外做處遇，並把結果帶回下次的聚會中分享？

22.抗拒的形式下隱藏著許多意義。你會如何幫助成員探究一些防衛行為的意義，而這些是你認為惹人厭的？

23.思索一下，當你是團體領導者時，你經常會示範的行為型態。如果所有成員都表現了你所示範的行為，你所擁有的是什麼樣的團體？

24.那一些你用來探究當事人文化背景的方式，也是一種瞭解他（她）問題行為的方式嗎？

25.作為一個領導者，你會如何來評估你自己的有效性？特別是當你的團體似乎正經歷困難時？如果團體一直沒有進展，就像審視成員的責任一樣，你會如何評估你責任的程度？

第六章
工作階段的技巧

工作階段的特性

　　本章我們著重成員在團體工作階段所說的一些重要詞句。這些詞句中，有些相當普遍，但他們卻未必在每一個團體中出現，也未必總是重要的。在這這裏所提到的詞句，我們認爲那些應對的詞句相當適用於特定成員。但是我們並沒有說這裏所討論的詞句一定對團體有用，也沒有說它永遠重要，甚或只是唯一能處理的方法。不同的領導者，可能用不同的方法來處理成員所說的話。

　　不論這些詞句的整個背景，案主所說的這些詞句一般都無法給諮商者（counselor）確定的承諾，然而都是提供個人進步的關鍵所在，而且它們是運用技巧的最佳跳板。領導者所選取的這些句子，通常是反應出他們自己的能力與興趣，就像案主一樣。如今我們想做的就是賦予這些句子感情，而後才能做爲討論主題。雖然我們大概知道它的可能意思，但是無法確實知道會產生何種結果，而且活動的進行，也並不一定如我們所預期的發展。我們在此所探討的這些話語，主要目標在尋找方法，使問題和感受變成焦點。

　　我們想再次強調領導者必須自動放棄技巧，而探求那些似乎是立即需要的東西。雖然是我們在運用技巧，但是成員卻會告訴我們應該追求的方向。當我們要帶領團體時，很少有已經準備好的一套技巧可以隨時提供我們運用。在團體裏我們發明這些技巧，主要是基於成員所提供的線索，讓他們能迅速且溫和地投入活動。當一個成員準備要表達出某些情緒時，很明顯

地它會使領導者感到迷惑，花費許多時間去構思要用什麼技巧。這種敏銳性與自發性必須經由多次的練習和督導才能獲得，而無法從書本裏學得。

在我們所提的技巧裏，大都有一個基本的重點，就是領導者的角色並非是使成員感到舒適或解決他們的問題。成員必須為他們自己付出努力，以解決他們所面對的問題。但是領導者可以增強思考和情緒，並且加以整理出來，使成員在改變時能處於比先前更好的情況下。因為過快的保證與忠告，成員會停止自我省察，但是當領導者願意傾聽他們的感受和想法，並且表示尊重，便能鼓勵成員探究下去。技巧可以同時對討論的問題增加經驗和產生訊息。他們能提供成員表達想法的機會（一個可能他們平常被剝奪的機會），以及發現生活中過去與現在經驗的關連。

在工作階段中，我們透過把焦點放在尋求和進行團體的一般性主題以結合成員。領導者必須時時注意，在處理個別案主時把其他成員帶進團體討論的機會。往往因確保將其他成員拉進團體的考慮上，在策劃一個技巧時，會使用一段挑選出來的特殊語句。團體達到工作階段的一個標記是，成員有能力將他們自己帶進彼此的問題探索中。工作團體進入了凝聚力階段時，將可允許兩個以上的個體在共同的議題上一起努力，就好像成員是在團體中輪流做他們個人的處遇一般。

這個階段的特色就是參與者常常（雖然不是總是）渴望能立即進入他們想要探討的主題中。他們不會到團體說「嗯，我不知道今晚我要說些什麼。」有時，成員會開放地處理團體中出現的反應是很好的，因為這能帶來一些有利的處遇。但說「我不知道我要從這次聚會得到什麼」的人，常反映了一個消極的

態度。很有可能在工作階段一些團體的成員清楚自己要什麼，並且願意要求團體給予的時間。在團體開始的時候，團體領導者可能會用簡單的一句話作為開場白：「誰想處理他的問題？」但是卻會發現有些成員說他們需要一點時間。

　　這個階段的另一個特色就是著重此時此地（here and now）。成員學習到表達他們現在的感受和敘述目前對他們有重要影響力的經驗層次。因此，一般說來成員在做這工作時有相當的品質，而不是在分派輪流說故事。即使成員探究他們與團體外他人之問題，他們可以處理他們對這些問題所表現出來的情緒與想法。他們可以把過去的問題帶到目前團體中，對他們過去生活中的重要他人做象徵性的處理，就好像這些人也在這房間裡一樣。當成員正在處理團體外的議題時，領導者也可以注意此時其他成員的反應。這時候，成員通常會顯露出他們如何被個人的處遇工作所影響。團體也再次地進展到等待的時候，直到個人的工作完成為止。成員也學習到自動自發地表達，認同他人的奮鬥以強化成員的努力。

　　成員也許希望能與其他人有直接且具意義的互動，包括面質。在團體裏要能覺察衝突，成員也要學習不去逃避它。而他們似乎也不必克制與其他成員的衝突情緒，只是衝突常不會那麼快就被解決。這個行為是非常不同於他們在團體外生活中所學到的。他們必須努力，直到他們認為不再停在極厭惡的個人衝突之中，例如，如果智雅對瑞彬說：「我希望你沒有參與團體，因為我不喜歡你。」這種意見一定不會師出無名（至少在我們團體是如此）。智雅將被要求直接對瑞彬詳細說明她不喜歡他什麼事，以及是什麼使她做了這樣的結論。她將被挑戰處理對他的反應，而且他也有機會去處理她的部份。這麼做將會

獲得有利的資料來處理他們二人的事。工作團體反映他們的承諾，那就是願意在他人艱難的時候陪伴他們，直至有機會可以表達爲止。人們如何處理團體情境中的衝突（或他人如何避免），提供參與者對個人問題來源的許多學習課題。

其他的特性使得團體運作階段有別於開始階段和轉換階段。成員大都有心認同他們的目標和所關心的事情，而且也學習挑起責任，他們很少對團體及領導者感到困惑。大部份的參與者都覺得融入團體中，若是有一些人沒有，他們可以在團體中討論。參與者信任領導者對團體的投入、解釋和提議，對於他們所提到的技巧，則較不注意。團體溝通的特色是成員間自由地給與取，傾向於讓團體直接地互動互換，而較少透過領導者。團體幾乎快成爲一個演奏的樂團，因爲每個人都注意傾聽別人的談話，並且共同做一些有生產性的工作。不過大多數情況下，成員仍然會看看領導者，就像吹奏者看指揮一樣，想尋求暗示。

成員也有很多機會接觸自己。對於在談自己的心事，試驗各種不同的行爲，催促自己探索有時連自己也會害怕的個人問題等，他們更加地信任自己，也有更多的心理準備。他們也常希望能從參與之中得到有意義的收穫。他們負起更多的責任，不僅是爲了團體裏即將發生的事情，甚至希望把團體中所學帶到外面的生活。他們努力地把內在強烈感情表達出來，但是他們卻不會被嚇倒，因爲如此才有機會看到自己的感情以建設性的方式表達出來。他們對自己所說的話是否爲人接受並不關心，因爲他們看見團體接受那些將潛在隱藏的自己與大家分享的人。在團體裏，自我開放是一種規範而且是適當的行爲，不是在玩遊戲，也不是在測驗。成員願意嘗試把自己的感受、想

法和行為整合在生活情境中。可以開始公開地討論介於成員和領導者間的情感轉移論題,而成員也將習慣去察看他們在團體外,過去與現在的經驗對情感轉移(transference)有何影響。

在團體工作階段裏,成員之間所交換的是一種誠實、直接和關懷的給與取,以及一種相當有用的回饋。成員可以從別人那裏獲得持續不斷的回饋,以瞭解自己的行為如何影響到別人。因為他們現在知道給予回饋的那些人也願意接受別人的回饋,所以他們會更信賴別人給予的回饋與建議。

在運作階段,團體凝聚力一直在增強。成員一起努力發展一個信任的共同體(a trusting community),他們彼此尊重和關懷,而這會鼓勵成員比在團體開始階段更加真誠,更深一層地探索自我。團體經由過程所獲得的凝聚力,是分擔痛苦。在他共同的人生奮鬥經驗中,痛苦使他們結合在一起。雖然成員在許多方面有所不同,但是也會發現一些共同的背景,使他們願意和其他人一起冒有意義的風險。不論如何,就像信任一樣,凝聚力並非是靜態的實體,是有退有進的。有時,在某次熱情的聚會中所完成的有效處遇,其中產生出來的情緒會嚇到成員,他們可能會暫時變得較疏離,使得凝聚的程度好像漸漸減弱了。

在說明了所有的這些情形後,我們也要指出工作階段並非總是具有淨化作用以及探究較深議題的特質。在一些團體中,似乎缺乏強烈的情緒,但這些團體仍能運作良好,並達成它的目標。舉例來說,在任務團體、心理教育分析團體、指導性團體、主題取向團體中,成員可以真誠地表達、直接有所感受,而且相互的交流是具有意義的。這些案主可以表達合作努力達成一個共同提案的意願,而且他們可能非常認同這個團體。同

時，他們也願意公開表示他們的不同之處，以及和其他人一同努力，以便可以像個團體。在一些工作團體中，可能永遠不會有高層次的強烈情緒出現，但在成員中間仍有誠實的交流。這種互動集中在較為敏感，以及似乎較不引人注意的議題上。但當中的關鍵點是，團體的特質是願意藉由資料來進行，而非在堆砌議題。

並不是每一個的團體都能達到我們所描述的那個階段，事實上，這並不意味著領導者是無效能的。其他的因素也可能影響團體無法超越開始階段。特別是對一些成員來說，沒有穩定的核心，團體裏不同的成員關係都會抑制團體達到工作階段。部份成員可能永遠不會達到我們此處所描述的強烈情緒的層次。由於團體所發展的情感強度，因此必須儘早建立起治療性氣氛，如此方能進行更深層的冒險，以及個人性的分享。有一些團體不會因為成員沒有認同他們自己需要一個有利的團體來做這些吃力的工作，而建立安全的氣氛。例如，參與者因為他們被期望參加團體，所以會輕易地出席參加。加之，如果團體在開始階段進行得很差，那麼工作階段便永遠達不到。部份團體因為不能克服無形的衝突與恐懼，也將使成員在第一次團體中裹足不前。成員也不會願意做較多的自我坦露。他們可能就會集體決定停留在一個安全、具支持性的互動層次上，而不會催促每個人進入未知的領域。成員與領導者，或是成員之間先前的互動都是一些嚴肅和冷漠的話語或行動。這種不信任氣氛會使成員不願冒著必要的危險做更深層的互動。團體也許會視自己是一個以解決問題為主的團體——一個打消表達思想、信任、感受、態度和經驗的團體。這種解決問題的傾向會切斷自我的探索，每當一個成員有問題時，其他人便想立即尋求答案。

因為這些和另外一些原因，使得團體將永遠不能超越開始的階段。

　　當一個團體達到運作階段時，它的發展不會像我們在描寫特性時那麼乾淨俐落。以下是我們對此一階段所做的代表性評論：早期信任感的主要問題、非建設性的衝突、一再地抗拒而做表面的參與。當團體面臨新的挑戰時，便可建立較深層的信任感。同時，大部份的衝突在開始階段也會被解決，但是當新衝突出現時就必須要面對。在某種意義上，團體與任何親密的關係類似；它不是靜態的，因為烏托邦境界永遠不能達到，就像平靜的水面有時也會有暴風雨。雖然為了團體進一步的發展可能需要付出代價，但是處理問題成員是絕對必要的工作。

處理出現在團體中的主題

　　在此階段中，我們將提出多種運作中團體可能產生的主題。我們企圖努力將個人帶到團體中，並表明可能的技巧，以幫助成員更深入探究他們所關心事物。由於要說得明白一些，下面的一些陳述聽起來有點像是會出現在團體發展的轉換時期。不論如何，在工作階段中，成員會願意走出他們原本因焦慮而停留的地方。他們對於工作的承諾常會帶動其他成員，而易於促使團體發展出共同主題。

一、「我很困惑，也不知道如何是好」

　　有時諸如此類的話是一種潛意識的抗拒，它可能源自有嚴厲權威性格的父母。在某種情況下治療者被看成成員雙親之

一，想要讓案主做一些事。

我們可以從要求惠芬多談一些她的困惑開始。通常迷惑是代表一種不同方向的拉力，而長時期的迷惑則會妨礙個人的抉擇。為了強調這些對立，和提供惠芬更多收集資料的方法，使她能瞭解自己的抉擇方向，我們可以要求其他成員加入做抉擇。舉個例來說，假如惠芬有趨避衝突，一方面想親近他人，一方面卻想退縮，那麼便可以讓一些人站在親近的一邊，告訴她親近的好處。另外一些人則站在對立的立場，慫恿她後退，強調親近別人的壞處。此時，她保持沈默，並允許她每個位置都走一走。隨後再讓惠芬談談她自己經歷前進與後退的感受。這個技巧可以引出有相同選擇困難的成員，讓他們彼此討論自己的衝突。這種方式，可以將一些人要處理的問題連接起來。

另外的技巧是將惠芬的直覺組織起來，即使她是困惑的。在此的考量是去處理因她的能量而來的抗拒，以及她所給予我們的引導。當惠芬說她很困惑之後，領導者說：「現在妳感覺最想做什麼？」她回答：「我想抽身出來。」領導者說：「好的，抽身出來，請走回到沙發的後面，當妳想說什麼就說什麼。」然後領導者繼續進行團體，任何人都可以說他想說的話。過一會兒，惠芬抬起她的膝蓋，從沙發的背後凝視大家。領導者問說：「妳是否想說些什麼？」惠芬回答：「不，我只想留在這裏。」領導者允許她這麼做，並且說道：「好，但是只要妳想說些什麼，請告訴我們。」過了幾分鐘，惠芬插進來說：「我想回到團體。」她這麼說過之後，領導者問道：「現在妳回到團體來了，妳是否想說些什麼嗎？」她說她希望坐在志彬和志銘之間，讓他們靠近她坐。領導者又問：「現在妳想做些什麼？」她答道：「我想靠著志銘。」領導者問她想對志銘說什麼。她

說：「我感覺自己像一個小孩。」「妳幾歲？」領導者問。「十二歲。」「妳現在想對志銘說些什麼？」此時，惠芬需要一點幫忙，她想談一段幼年時期痛苦的經驗，其間牽涉到她和雙親。

當一個像惠芬一樣的成員說「我感到困惑」時，領導者必須清楚她正受到困擾，無法參與團體過程。直接對她面質反而會增加她的抗拒。在沒有其他人反對的情形下，可以同意惠芬的要求，另一方面也繼續進行團體。所有領導者都要做到的是說「你現在想做什麼？」、「你現在想說什麼？」、「做任何你想做的事」。藉由領導者進入成員的抗拒心理，並且允許他照他的方式參與團體，這種技巧可疏導抗拒的心理。

依據領導者和惠芬的關係，他可以促使她談論比如「假裝妳並不困惑。假如妳知道妳想要什麼，妳會怎麼說？」一個相關的技巧是假設她並不困惑，而問她一週來做了些什麼。可以指定她的家庭作業就是去假定她是清楚的和有信心的。如果她以「這聽起來似乎是個好作業，而且我願意試試看，但我恐怕將會覺得更困惑。即使我試著說服自己是清楚的，那麼我能做什麼？」來回應，領導者可以回應她：「嗯，妳願意著手做妳的事嗎？即使妳是困惑的，但仍然告訴妳自己，妳可能正好知道妳想要什麼，並朝著這樣來做？」另一個策略則是要惠芬在團體中找出某人和她一組，並請這個人來報告這個作業要如何做。所有的這些技巧均是使她做一些增加在認知和行為上責任感的事，好突破她在團體聚會外常困住她的事物。當然她可以在後續的聚會中，報告她從這個作業中所學到的是什麼。

當惠芬說她感到困惑時，還有另一個技巧可以運用。領導者可以回應道：「在這團體中有誰是妳現在想親近的？妳願意走到那個人面前告訴他（她）為什麼妳想親近他的理由嗎？」

剛開始時，惠芬可能非常不清楚為什麼她會挑選某一個人。然而，她知道為何她會覺得和這個人親近並不是真的很重要。如果她願意採取行動，親近這個人，開始做這件事時，她會得到更多的澄清。她所挑選對談的人可能會變成以其個人來涉入這件事，而這可能強化了對兩個成員的處遇。

二、「我害怕與其他人親近」

　　這個例子分享一些早先惠芬感到困惑的心理動力。一些用在惠芬的技巧，也能用在下面彥城的例子中。領導者問彥城是否他想探討這個問題。他真的願意與別人親近嗎？如果他不願意是否就沒事了？現在在他的生活中，他最想與誰接近？有時人們不知道他們是怎麼被牽扯進這個主題的。經由這些問題，領導者使彥城決定是否這個論題對他造成壓力，或是他已經得到他想要尋找的。

　　就像彥城所說的，如果領導者覺得這個主題對他非常有意義，而他卻沒有表達較多的感受，他可以要他談談與團體其他人之間所失落的親近感。在此時此刻背景下的團體內，這些問題中任何一個均能使他探究自己對親密關係的恐懼：「在此，你想要和誰親近一些？是什麼把你擋在老遠外？」、「你想，在這裡的人，要靠得多近才會感到你的存在？」、「你會挑選人們靠近你或把人們推離開你？」、「當你想像和我們更加親密時，你會告訴自己那些事情？」、「有任何你想說卻沒說的事，是你想告訴在這裡的任何一個人的嗎？」。這個技巧將其餘團體的成員帶進了彥城的治療中。這個技巧讓團體其他人進入他的內在世界，而且提供機會讓大家給予他回饋，是否他的行為方式使他無法親近大家。同時針對他所說的字眼「害怕」，

去討論那是什麼。這裏可能就有些隱藏的意義存在：

- 他可能因為死亡或關係未解決時就失去重要的人。
- 他也許感覺到如果與他們太親近，他們就會知道他一些他們不喜歡的事情。
- 他可能確信自己沒有任何東西可以分給任何人。
- 他認為與另一人親近，會使他感到窒息或掉入感情的漩渦。
- 他可能害怕越加親近將會導致性關係的發生。
- 他可能因為離婚而受過傷害。
- 他可能害怕太多的承諾或太多的需求。
- 被人接納或被人愛可能令他不自在。
- 他可能過度保護他的雙親。

如果彥城害怕與別人接近是因為父母的命令，諸如，「別太親近」或「別被束縛住」，領導者可以利用下列的問題找尋癥結所在：他從父母那兒聽到或從非語言學到的特殊東西為何？在他的生命裏有誰告訴他不要與人親近？接下來，他可以扮演那個人，站在那兒向成員說明為什麼他們不跟其他人接近。這個人——也許是他的父親——對於彥城親近團體成員時會說些什麼？彥城又想要如何回覆他的父親？經由這個技巧，彥城將能瞭解他在團體中如何不知不覺地實現了父母的告誡。領導者可繼續讓他瞭解自己早期所做的決定，例如，「如果我不與別人親近，就不會被人拒絕」或「我不想因為被遺棄而再一次受傷害」，爾後領導者再回來討論他目前在團體裏和在日常生活中，如何避免自己與別人接近的情形。

三、「這裏不是真實的世界」

　　麗芬帶了個問題想在團體裏解決。她的困難是無法把團體的經驗用到工作和家居生活上。麗芬在團體裏表達感受時相當的自在，因為這樣做她可以感受到別人的支持。在團體裏她可以表達對某人的憤怒，說出讓她感到不愉快的事，以及克服困難的決心。然而麗芬卻擔心，如果在工作時也把她的感覺說出來，那很快就會被炒魷魚。在家裏也是一樣，麗芬對家人開放也是相當的猶疑。她怕他們不會傾聽她在說些什麼，以及因為她的坦露而受到傷害。麗芬基本的任務就是學習什麼才是適當的坦露，以及如何進行坦露才不會引起其他人的防衛。

　　在這裏可以運用一個技巧，領導者請麗芬描述一個目前她感到最為困難的情境，以及在這情境裏她想做什麼樣的改變。麗芬說她不喜歡自己在辦公室裏對待同仁的方式。她注意到自己極端小心和他們講話，以免傷害到他們的情感和激怒他們。她通常會事先想一想自己所要說的話，並且企圖說他們想聽的話。她實在是很想自在地告訴他們她心裏想些什麼，而不必經過事先的考慮。在大略描述這種情形之後，麗芬從團體選擇幾個「同仁」，描述辦公室裏的一件事，以及她在這種情境下通常處理的方式。然後，她嘗試告訴團體裏的每一位「同仁」，平常沒有說過的一些事情，並大聲說出她在想什麼。這項活動能揭露她如何限制自己的直接坦率。她也許在尋求某位同仁的贊同，或是壓抑某人對待她的方式所引起的憤怒，她可能因為另一個人的挖苦和打擊而備感威脅。看看麗芬的癥結所在，領導者可以讓她把重點放在其中的一位同仁上，並講出她一般都會在壓抑後說出什麼話。至少也要鼓勵她告訴這個人，她對他

的出現有何感覺。在角色扮演之後，成員及領導者都可以給麗芬回饋，告訴她如果他們是她的同仁，他們會有什麼感覺，他們願意以何種方式傾聽麗芬說話，他們是如何受她的影響。

經由角色扮演的活動，麗芬可以瞭解她給別人的衝擊。也許她是要求別人自我坦露，或是在某些方面能符合她的期望。可能她把注意力集中在希望他們有所差異，而不是在如何保留她的完整性，而不管四周的人不願意或尚未準備好去改變成她希望的方式。簡單地來說，她必須學習如何面對其他人而不會增加他們的防衛。角色扮演後的明確回饋是有助於像麗芬一樣不知道自己的坦露方式是如何拒斥他人的成員。

領導者可能想要對麗芬和團體的其他人指出，在團體所發生的事都是真實的。成員不僅可以在團體裏開放並信任之，同時也可以選擇性地對團體外的人這樣做。關鍵字在「選擇性」，就像麗芬一樣，假使她想對每一個認識的人都開放，將會招致失敗。她需要決定既有的關係對她有何種程度的重要性。例如，麗芬可能決定不把她所想到的每件事都告訴老闆，因為若是這樣做可能會危及到她的工作。在團體的支持性氣氛下，她談起一些內心控制著不為外人道的事情，對她來說具有治療的效果，但是在工作場合做同樣的事，可能就有些不智了。無論如何，她仍然可以認識到她自己的想法，她也不需要再抑制這些感覺，即使是針對自己的感覺。從這成長的經驗，她也能學習去找尋，她能對誰傾吐情感，而這些是她不會對她的老闆表達的。

我們經常使成員集中焦點於可能性的結果，就是如果他們在日常生活中所說的話，有時會在團體角色扮演的情境中說出來。我們嘗試教導人們，如果在解決問題時，他們太直接地面

質其他人，不一定能得到想要的結果。在麗芬的案例中，我們幫助她檢視如果她決定面對她生活中的人的話，可能隨之而來的結果。我們不會告訴她不要去面對，但我們會幫助她評估當中的危機，並幫助她決定什麼是她最想說的，以及什麼是她不想向其他人說的。經由在團體中的努力，她可以發現，對她老闆的某些反應就是情感轉移的結果。她的老闆可能可以獲得比他（她）所想的更誠實的對待。有部份的團體過程會牽涉到提供成員技巧，使團體和真實世界的間隙連結起來。

四、「如果我一哭，我怕會一直停不下來」

雖然許多人在團體中冒著極大的風險掀開創傷，並且使自己開始走進治療的歷程。但是有少數的人，在檢視與處理他們的問題上，都讓他們自己停留在認知上。莉莉就是那些知道自己正在壓抑自己深層感受經驗當中的一個人。她承認在團體生活裏，莉莉常常抑制她自己。當領導者問及有關她的行為，她說她擔心如果她一哭，就無法停止。在這種情形下，領導者可以告訴她，還沒有看過團體中有任何一個人哭過二十分鐘；當人說出他們的感情時，這些感情不會存留太久，但是當人不被允許哭泣時，他們可能會悲傷一輩子。說完這些話，領導者可以問莉莉是否她願意嘗試發洩她的情緒。如果她同意，領導者可讓她坐在曉雁的對面；曉雁來參加團體前幾分鐘眼睛還是濕潤的。與曉雁的眼光接觸，莉莉可以說出她抑制自己的哭泣的一些事情。情緒仍然很明顯地寫在曉雁的臉上，也許可以視為喚起莉莉感情的一個媒介。

或者領導者請莉莉告訴曉雁，曉雁的眼淚是如何影響她，莉莉可以以哭泣來表示她的抗拒，並告訴曉雁她的反應。在這

個活動裏，當莉莉再接觸曉雁時，領導者可以建議莉莉以其中一個或所有下列的句子來敘述：

- 「我希望妳不要再哭了，曉雁，因為妳哭的時候我……」
- 「如果我像她那樣的哭泣，我將會……」
- 「如果我哭，是因為……」
- 「我不能哭的一個理由是……」
- 「眼淚沒有什麼用處，因為……」
- 「在我的生活中，曾哭過的人是……」
- 「在我的生活中，不曾哭過的人是……」
- 「不管妳做什麼，曉雁，我不會哭，因為……」

領導者可以用莉莉的回答做為線索，進行更深層的工作。當莉莉直接對曉雁說話時，領導者也應該有所表示。最後，集合團體的其他人一起進行這工作，他們可以表達他們因這個互動所受到的影響，不管是對莉莉或曉雁。

縱然對領導者而言，允許成員提供他們想進行討論分享的題材（如惠芬及她的困惑）是比較好，但有時領導者也應該找出不是正面存在的題材。假設莉莉願意，但是卻裹足不前。她坐在曉雁的對面，但是似乎想不出要說些什麼。領導者也許可以試著推一把：「莉莉，我懷疑是否在你生活中曾有一個人，你應該為他哭泣，而你卻不允許自己這麼做？」在尋找結束題材時，領導者可以將一個大範圍的問題一一地排列出來，使每一個人能夠去追求。領導者可能懷疑莉莉事實上還在對她重要的某人的死亡感到憂傷，而她的哀傷造成她沮喪的態度。但是，在此論及死亡是太過明顯而且令人有威脅感。代之而起的該是領導者給莉莉一個機會，讓她有足夠的時間把自己拉回現實。

五、「我擔心我會瘋掉」

寶鑫表示他非常擔心自己內心深處瘋狂的潛在因素。他認為自己很明顯地看到了瘋狂存在於他身體內，它就像是個實體，如同腫瘤一樣存在那裏尚未被診斷出來。假定寶鑫是一個由部分功能良好的人所組成的團體之一員，領導者可協助他解決想放棄對情緒的控制與經常檢查自己的情緒，以及固執的擔心二者之間的矛盾會變成什麼樣子，以便使他能控制自己的情緒生活。在做這工作時，寶鑫可能會變成催眠式的幻想自己的行為有某種程度像一個瘋子。在這時刻，領導者最好能說：「寶鑫，你知道嗎？我發現你使自己某些行為方式有些過份的古怪，對於你將會陷得太深，以致於忘了如何拉回自己，我非常的關切。在某方面，我想我們每個人都有瘋狂的可能性，我看你陷得太深了，有使瘋狂成真的可能性。所以，雖然我會常鼓勵人們不要抑制自己對感情的表達，但是我希望你能瞭解如果你一定要這麼做，那麼你真的就會瘋掉；平靜一點，發展冷靜理智的認知對你會更有用。」領導者的處遇是試圖讓寶鑫看到他確實因為一直在擔憂自己所有的事，而使他陷入狂亂之中。領導者希望自己可以防止他免於一次傾吐太多，而無法遏止。基本上她的處遇是讓他慢慢來，並幫助他變得較為中立。

在很多的正常環境下，領導者可能會問寶鑫一個問題做為開場：「你從那裏得來可能會瘋掉的念頭使我感到奇怪，而且這樣的表達方式對你有什麼意義？」寶鑫可能說他們家有心理疾病的歷史，或者他聽別人說手淫或表達憤怒會使人發瘋。接下來，團體領導者邀請寶鑫和其他曾表達相同關心的成員來表演，如果他們真的瘋掉，可能會出現什麼行為。除了角色示範

外，寶鑫可能會說：「我想我只會茫然若失地坐在那裏，不和任何人說話。」另一個成員則回應：「似乎我也是這樣。寶鑫，但是你在這團體裏做了相當多的事情。」此時的重點在瞭解寶鑫所關切的，並提供面對它的中介橋樑。

關於這個例子，領導者心裏應該有些底。首先，團體領導者應該以他們在心理疾病上的理論觀點來思考，是在處理機構養護的病人或是功能良好的個人。我們自己對瘋狂行為的看法是成員選擇的一種行為方式，而非成員的內在隱藏壓力。不過並不是所有的讀者都會贊同我們的治療信念。

其次，領導者必須探索他們恐懼處理行為舉止古怪的團體成員，以及他們自己對瘋狂行為的恐懼。被自己潛在的古怪行為驚嚇到的領導者，會強化正在處理這個問題的成員和團體其他人的恐懼感。這些不確定自己心理上穩定度的領導者，在處理其他人恐懼失控或變得瘋狂時，會面臨困擾。

第三，團體工作者必須十分小心地激勵案主，好叫他們更願意進一步探索自己。團體工作者並無職責要帶案主探討比他所表現出來更深一層的東西。對於一個缺乏經驗的領導者，其帶領一個由功能良好的個人所組成的團體，最令人感到訝異的事，就是發現某個人的行為有某種程度的古怪，而領導者卻發現自己沒有辦法處理。有經驗的領導者不會擔心成員快要瘋了，對案主有信任感是處理工作的一項資本，使成員願意而且也能夠這樣做的一項資產。讓團體感到困擾的一些恐懼感類型中，害怕瘋狂是最嚴重的一種。此時，領導者最大的關切點在那些有恐懼感成員所擔心表達的，而他要幫助團體建立一個可以使他們表達和檢查那些恐懼的環境。

第四，當那些視為瘋狂的成員在團體裏做出一些事時，領

導者接下來重要的事是建立他們與團體間的連接。如果沒有做好的話,曾表示害怕會變成瘋狂的人,可能會因為困窘和過度在意他人的想法,而變得退縮。在這樣的情況下,我們常常會儘可能地去鼓勵成員談論他們自己告訴自己什麼,包括他們認為別人會如何評斷他。我們對技術的目標,則放在以談論他們窘困的感受和矛盾的情感,幫助他們和團體成員接觸。在他們的工作完成時,這些成員可以尋求團體其他人的回饋;有勝於無,這個回饋是具有安定心情的效果。退縮常常是困窘造成的結果,而接觸其他團體成員可以疏解這種困窘。

處理所有成員同時產生的強烈的情緒

　　在這個段落中,我們會提到有時成員之間會因為對方的行為而引起爭端,並演變成涉入強烈的情緒。可能會發生案主讓自己再次碰到與某種生活事件相關的痛苦記憶。有時,他們可能覺得他們會失控。這樣的情緒動力,因團體的情況,可以是有利的和建設性的。在大多數團體中,這並不是一個經常有的現象,而且不應該用來當作測量一個工作階段團體的指標。換言之,缺少這個現象,並非意味著團體是無效的。無論如何,通常工作階段所擁有的凝聚和信任的氣氛,確實能夠使此種情緒釋放。

　　做為一個團體領導者,要如何處理成員突如其來的嗚咽和哭泣?首先它幾乎是不可能去預期何者能使這些情緒獲得釋放,被另一人的處遇所影響的人也將輕易地以強烈的情緒反應來涉入其中。領導者不僅可以從成員的努力獲知,也可從其他

團體的人，感受到經由和諧所發展出來的改變；而協同領導者則是一項有利的資源。有一個技巧是把焦點帶到某個人身上：「在這房間裏似乎有很強烈的情緒存在。也許我們現在想要努力與國豐在一起，看他在應付些什麼？」另一個方式是尋找方法把對幾個成員的處遇連接起來。如果你認為同時會有比較多的成員能從淨化感情中獲得益處，你可以邀請他們面對面地坐在團體的中央，分享他們的情感。經由他們自己的要求或是你的鼓勵，其他人可以加入這個內圈的小工作團體。在這過程中你必須有足夠的信任，允許他們以自己的方式進行，同時也不必太過關切那些蜻蜓點水式參與的成員。你可以先在心裏留個底，以後他有機會成為別人所注意的焦點時，再回到那個成員身上。

一旦有很多成員開始表露他們的情感時，你必須很快地做個決定誰要私下做處理。你可能要靠得近一些或緊連著嗚咽哭泣的人，在此同時，要不斷地環顧四周，注意團體其他地方怎麼樣了。對於這一點，所有參與者對另一個人來說都是潛在的資源，可以建設性地互相幫助。你可以用一個字或一個姿勢把成員聚集在一起；用探索自己受到別人幫助時的感受，或是互相提供安慰與支持均可。你可以先回憶有那些人先前曾有互動，以及誰對誰有象徵性的意義。例如，有位女士總是想平息別人的痛苦，卻從不表達她自己，可能會像嬰兒一樣在別人的懷裏哭泣。有位男士說出他害怕自己缺乏愛別人的能力，當他讓自己和別人在一起且能安慰他們時，他高興地哭了。

由於種種原因，你可以決定讓一些成員表達他們過度的情感。一個平常用來強化情感表達的方法，可以轉變為幫助個人獲得距離和透視力。例如，某個成員直接地對另一個人說他有

問題，以增強他去處理他的問題。為了減緩成員的情感表達，你可以說：「現在你的母親的確沒有在這裏，而是我在這裏。我希望你看著我，告訴我你剛表現出來的情感和你希望從這樣的處理中學到什麼。」

　　很重要的一點，要認識我們所描述的情緒淨化作用的持續時間是不會很久的。最後在團體安靜下來以後，看看四周，有很多對濕潤的眼睛，有很多安慰和溫柔，也許有些笑聲，以及一些困惑或受驚嚇的人正站在一旁。當團體開始恢復正常時，你可以建議他們回到原先安排好的座位上。然後你再查查誰陷入了混沌，並且找出是否他或她覺得工作未完成或中斷了。不論他們是否已經平息剛才那件事的情緒，你也可以鼓勵成員去討論剛才所發生的事或感受。很清楚地把他們所學習到的東西加以濃縮是很重要的，讓成員有一小段時間來放鬆自己強烈的感情，然後讓頭腦清醒，恢復平靜，甚至愉悅的感覺。

　　在這種淨化情感的討論裏，成員所表達的東西是很重要的和可深入的，但是也很容易過後就忘記他們的想法、感覺及所說的話。因此，只要可行的話，可以讓成員回憶明確地經驗到什麼，以及可以試著把重點放在他們想記憶的東西和從中所學習到洞察（Insight）、感受和語句。

處理夢境

一、「我做了一個夢」

　　惠芬說她想探索一段夢境。這裏就有一些可加以處理的想法。她可以用現在式說出這段夢，就好像現在正在發生。如果

她不記得其中的一部份，可以立刻「做夢」，虛構那遺忘的部份。當她述說夢境的時候，你要注意她的聲調，她有多少精力，身體姿態及想掩飾成為不重要的部份。說完之後，再敘述她醒過來以後的感覺，在夢境中的感覺，以及在述說夢境時的感覺，然後再說明她從這夢境學得什麼，或是這個夢境與她的日常生活有何關連。簡而言之，你可以從她認為夢境對她的意義為何獲得初步的概念。為了要鉅細靡遺地處理，惠芬可將夢境分成幾個段落（人或物），並指揮訓練團體成員扮演這些角色。她告訴每一個人為何選他或她來表演這部份，為何這個人一定適合這角色。同時，惠芬自己也可負責夢境的一部份，並和其他人說話。如果在夢中惠芬走向一扇門，她可扮演門與自己說話，然後再反過來扮演惠芬與門說話。你可以隨時利用房間裏的任何道具。例如，惠芬和真正的門有一段對話，同時惠芬也可以為自己的夢境變換不同的結局。然後她或團體的其他人再演練新的結局。

另一個詳細處理夢境的技巧是將夢境中的主要語句或觀念用一句話來說明，例如，惠芬開始說：「如果我是扇門，我將……」或是如果用一個驚嚇性的字眼陳述夢境時，她可以有好幾種不同的說法完成這句話：「現在在我生活中，最令我感到恐懼的是……」

為了讓其他成員更直接投入，那些似乎特別有興趣的人可以談談這個夢，就像是他們自己的夢，也可以扮演不同的部份。或者他們可以自由聯想在惠芬的夢境裏，他們認為有趣的象徵。團體成員也可以相互討論，依自己的幻想，以決定他們想扮演夢境的那些部份。這裏有一點值得注意，不只是為了惠芬解釋夢境，也為了他們自己，還可以藉著惠芬的夢境來做為檢

驗他們自己的工具。

處理夢境的技巧可以在團體其他人的另外問題或反應開始浮現到表面上時，加以修改或放棄。對於投入的其他成員你可以以惠芬的夢境，同時解決惠芬和那些人的問題。常常只讓成員簡單地說出夢境而不加以解釋修飾也是相當有價值的。在整個過程中不太需要用到什麼技巧。

二、「我做了一個有關團體的夢」

在這長達一星期住宿型式的團體裏，常常會有人夢到團體。梅珍在第二個夜晚就做了這麼一個夢：「我在一個大的牽引機後座，由武宗（領導者）開著它。牽引機沒有加上拖車，只有車頭司機室，我們正開著車經過這個小鎮，突然有個蒙面人擋住我們的車，並且敲擊窗戶。我大叫武宗：『做些事啊！』，而他卻說：『別擔心，沒有什麼危險的。』我看看四周，到處都有蒙面人攻擊鎮裏的人。但是我注意到好像沒有任何人受害，那樣做也沒有什麼傷害。」所以這個夢的意義就很明顯了，從完形的角度解釋夢境，可以使梅珍獲益。

梅珍可以扮演她自己並說：「我是梅珍。坐在由武宗開的牽引機裏。在這裏我感到非常的安全和快樂。我在牽引機的休息室，捲曲著身體想要睡覺。」扮演武宗時可以說：「我是武宗。我知道自己現在在幹什麼。我也知道怎麼操縱這些裝備。我覺得自己做得蠻好的。」她也可以扮演牽引機說：「我是一輛相當大的牽引機。我非常強壯，是由鋼鐵做成的。不管走到那兒都會受到別人的尊敬。我拖運重物已經有相當長的一段時間，而且對於在駕駛室裏的人也能提供保護。」或扮演蒙面人說：「我們是一群蒙面人，常常恐嚇其他人。他們會害怕也想

躲避我們，他們認爲我們要打垮並殺害他們。」扮演蒙面人對武宗說：「做一些事情。你是司機，被認定爲要幫助我的，我信任你。然而此時你卻沒有採取任何行動來保護我們。」扮演武宗對梅珍說：「別擔心，有耐心點，你會看見他們對任何人都沒有造成傷害。即使看起來有危險，你在這裏還是很安全的。」梅珍很明顯地在和信任奮鬥，包括對武宗本人，以及他如何建構團體和團體的成員。下一個步驟是讓梅珍告訴團體，爲什麼她把蒙面人視爲有危險性及攻擊性的。她也可以告訴武宗他是如何地沒有保護她。

很顯然地梅珍在信任武宗的領導與團體成員之中掙扎著。下一步驟是讓她談談在團體中的蒙面人，她是如何將之視爲危險和攻擊的象徵。她可以告訴武宗，他是怎麼地沒有保護她的。

對於處理夢境的一個建議是，不要過於擔憂夢的「真實意義什麼」，而是需要去尋求夢境所能帶來的意義是什麼。就其本意來說，以團體和夢境有關的方式來處理是有效用的。例如，一個進行中的週末團體，它所有的成員在開始進行後，慢慢地核對某些事物，其中宗漢報告了這個夢：「我是孤單的，並因爲某些理由，我害怕將有地震發生。然後真有地震的樣子，使它沒有厲害的搖動，或其他類似的情形。有一個很大的裂縫出現，而我所坐的地方，是一塊和其他陸塊分離的地方，而且它越漂越遠。」

領導者費了一些心思去讀取宗漢夢境裏深一層的想法。但似乎很少出自他心中的想法。最後，領導者提議：「你知道的，宗漢，我真的對你的夢所知不多，但它確實幫助我去表達在團體中發生的一些事。我想在幾星期以前，這裏有一些緊張的氣氛，而這些並未在上星期提出來，就像沒有發生過的地震似的，

我想是今晚在此未發生的某些事。」現在，梅珍說話了：「那相當適合我。我感覺到在不久前的一些聚會中當我和美珍爭論時，我們是分開來漂浮的，而現在似乎是我們整個團體在害怕地震。」領導者說：「我瞭解在這裡的每一個人，都有各種方式來詮釋宗漢夢境的隱喻，好描述我們需要在這團體內提出的事情。」宗漢說道：「嗯，我想我們每一個人感覺到是孤立和孤單的，就像我所做的夢一樣，如果我們不能更誠實一點來面對『地震』，我們將害怕和彼此相處。」

處理投射和自我覺知到的其他問題

一、「我不能對父母說」

我們可以對惠琦說：「讓我們來看看是否可以從你的感覺裏學到些什麼。希望你在團體裏挑出兩個人充當你的父母。別擔心是否真的相似；你所需要的是兩雙在過程中可以讓你注視與你接觸的眼睛。現在如果你覺得已經準備好了，我希望你直接對假扮妳父母的人說話，嘗試告訴他們你發現對他們說話有些困難。」惠琦開始這麼說：「媽（爸），和你談話是件困難的事情，因為……」或是「當我想與你說話時，我感覺到……」直接地對扮演他父母的人說話，惠琦可以避免向父母說話時的情緒，這種練習能提供直接和坦誠的溝通方式。這個技巧會引導惠琦探索為何不與父母交談的原因，或者引導澄清溝通的過程及她如何受到限制。如此它提供惠琦一個機會，練習她碰到過的難題，並且從中洞察困難的本質。

我們要求惠琦別擔心她的真正父母與假扮父母的人之間是否真的相似，是想要事先阻止她說團體裏沒有任何一個人與她的父母相像。即使那是真的，但是無法提供更多解決問題的機會，也沒有機會讓惠琦來做練習，以得到更多的洞察。假扮的父母可能會變成很好的替代父母，他們所披露出來的題材，不管是惠琦或其他扮演父母的團體成員都會被探討討論。在關鍵階段上，我們都會鼓勵假父母給予惠琦回應。她的表現甚至會激發假父母對其子女的感受。在此一個案中，循著這條脈絡持續地處理下去是非常有幫助的。開始時，最好讓惠琦公開地把事情說出來而不被打斷；然後在她有機會對假扮的父母表達她自己之後，成員就可以做回應了。但是情緒的產物和相關的爭吵，將會在惠琦和其假父母的對話中出現，尤其是她在做練習或角色扮演的時候。甚至假父母之一有不適當的表現，可能會轉變成有益的結果。例如，假父親說的比聽得的多，一直使惠琦受到挫折，最後才說在真實生活中她父親這種類似的行為就是問題的一部份。幾乎從類似此種互動所衍生出來的任何題材，都是很有用的材料。如果父親是惠琦理想中的父親，她可以告訴他，對他的感受是如何。如果這父親是使她受挫的那種，她可以去探究什麼是她不想從他那裡獲得的感受。這種處遇所選用的特殊途徑，取決於案主所提供的線索，或是其他成員從一個案主的處遇中所引發的方式。再一次，我們幫助成員之間的聯繫，好讓他們使團體有最大的功用。

二、「我父親不會說中文」

這個例子說明領導者如何處理個人的發音問題，以及他們如何鼓勵個人使用他或她的母語。有人說逸庭說話時像在損

人，他的眼光及談話的內容相當溫和，但是他說話的聲音讓人家感覺好像受到攻擊。他瞭解這個回饋是有用的，而且也想更深入地探索這個主題。

先從早期的工作裏找出線索，然後領導者要求逸庭想想，當他還是個小孩的時候，父母親其中一人對他說話的聲音是怎麼樣，同時也模做一下：「我不願意這麼溫和，因爲……」領導者也許不知道是何原因，總覺得在很多方面，逸庭不願意像他父親，一位和善的男士，卻很受他母親的輕視。當然，也要模做母親的損人話語，當他開始模做母親時，逸庭說：「我父親不會說中文。」

當我們處理處於兩種不同文化，說兩種不同語言的案主時，我們常會先問他們會用哪一種語言和他的家人與朋友交談。經常我們建議這些案主以他們的母語和他喜愛的人交談（如果這個人是他們探究問題中的關鍵人物）。每當要求人們使用他們的方言時，常常會表現出有意義的抗拒。使用中文溝通會使他們產生疏離，而使用自己的方言卻可能帶來更多痛苦的聯想。雖然如此，即使領導者不會說，也不懂逸庭的母語——廣東話，逸庭也願意扮演父親，與母親談談他的和善對他有何代價。逸庭在進行時，領導者要注意強烈的情緒線索，並且鼓勵他重複那些能讓他接近他感受的句子：「請再說一次。」最後，逸庭在有些生氣和哭泣下停止進行。利用這個技巧，領導者表明願意面對逸庭的情緒，即使尚未瞭解情緒的內容是什麼。然後領導者要求逸庭以中文重新敘述團體工作中學得什麼。他也許會說他害怕父親是因爲怕母親以對待對父親的方式來對待他。爾後，逸庭嘗試以一種新的語氣，對團體的每一位女士說幾句話。其他成員可能會說他現在似乎相當的溫和、堅強和有

吸引力。逸庭不太喜歡帶著新的口氣離開團體，但是他瞭解到自己有選擇不同型態的權利，而他可以從別人對他的經驗及用語言來損人的原因，獲得更多的洞察。

如果團體的其他成員在處理成員的語言有一些影響力時，我們很可能運用他們。例如，我們可以請他們其中一個人，針對逸庭的角色扮演做討論，但並非任何和語言相類似的事都有必要如此處理。許多時候，運用這類技術在像逸庭這樣的人身上時，我們會發現其他的成員都會被他的治療深深觸動。即使他們不懂他所說的是什麼。大體上，他們能夠透過他的聲音，抓到音調的情感和非口語的溝通形式。如果他們帶著情緒去詢問這些成員也是一個很好的活動。一旦逸庭已經完成他這一部份的治療，便告訴他，他是怎麼影響到他們的。對逸庭來說，這是一個強有力的回饋，也有利於給予回饋的成員。藉由邀請其他在自己的議題上顯露自己的人，它同時也是一個持續治療工作的理想地方。常常只要說類似：「晶玉，你似乎真的受到逸庭的影響，多告訴他一些你的感受。」如果晶玉說這個治療挑起了她對父親的傷痛，領導者便可以說：「晶玉，環顧四周，有誰在此能馬上給予妳最大的幫助，請注視著他，並將他當作妳父親來和他談話。讓妳『父親』知道妳自己所保留的一些傷痛。」

三、「我覺得這世界負擔好重」

曉雯似乎非常疲乏、厭倦。在團體早期的某次討論會上，她被鴻都面質，因為當他正在討論他的衝突時，她很快地就想解救他脫離衝突之中。而後曉雯表示在幼年時期，她就常常擔任家庭仲裁者的角色，總是想辦法平息父母親的爭吵。今天，

解決了淑卿的悲傷之後，曉雯看起來精疲力竭，當她被問到有何感想時，她說：「我覺得這世界負擔好重。」

　　一個探索她感情的技巧就是誇張她的感情：「曉雯，妳是否願意拿起書架上的電話簿（或其他重的物品），當妳在告訴我們妳所體會到的重擔時，請捧著它。我希望妳讓自己真正地體會它們的重量，而且讓它象徵性地代表妳所感覺到的負擔。」更進一步加重負擔的生理能量的技巧，是要求曉雯稍微曲膝，以增強壓力的經驗。

　　在曉雯列出她覺知的各種負擔後，讓她仍然捧著那些書，站在團體每位成員的面前，一次一個人完成以下的句子：「妳讓我受到……的負擔」、「淑卿，妳如此的悲傷，讓我覺得負擔很重，我想讓妳快樂」、「鴻都，你的生氣讓我感到負擔很重，我希望每件事都是很平靜的」。繞過一周後，曉雯得再走一圈，這回採用這一句話：「我讓自己感受到……的負擔」、「淑卿，因為太過擔憂妳的悲傷」、「鴻都，因為我以為自己有責任解決你的衝突而讓自己承受著重擔」。這個技巧讓曉雯瞭解她是如何把別人的負擔攬到自己身上。

　　站在姿慧面前時，她卻說：「媽媽，我想使妳與爸爸能相處得更好，而讓自己感到有負擔。」此時，領導者可以停止活動的進行，而繼續追擊所導致出來的問題：「曉雯，為何妳不一直站在姿慧面前，繼續對她說話，就像她是妳的母親。讓我們多瞭解，在幼年的時候，妳如何讓自己承受重擔。」

　　最後，團體可再回到此時此刻曉雯將重擔攬在身上的方式上。因為人們常常是不情願地放棄他所抱怨的事物，而領導者可以設計一項活動，使他們看清這種現象。曉雯（仍然抱著電話簿）繼續對每一位成員進行放棄一個負擔及一本書的活動。

在她進行完這項活動，拿開書本之後，領導者要她訂定契約：
「在未來的一個星期中，如果你發現自己又再擔負起剛剛放棄
的重擔時，打電話請團體中一位最適當的成員，協助你放棄不
該有的負擔。」可以要求曉雯花一些時間寫日記，記下她這禮
拜從團體聚會中獲得什麼，以作為執行此計畫的副產品。她可
能寫了一封毫無保留的信給她媽媽，而沒有寄出，這是她深入
表達在此次團體中所得到的感受的一個好方法。這將會是一個
好時機來詢問曉雯，在這一週中，什麼是她可以練習而且是她
想要的額外家庭作業。這個策略是持續將責任放在曉雯想改變
和堅定實踐改變的步驟上。

在處理曉雯和她「媽媽」上，領導者要注意帶其他成員進
入這個治療流程中的方式。例如，曉雯和一個像她媽媽的成員
談所有她覺得的負擔。坐在那裡扮演媽媽的人（姿慧）很有可
能會以她所關心的方式來表現行為。她可能會強烈支持曉雯。
或者她會強烈支持母親，而且可能怨恨她從曉雯那兒所聽到的
話。這對其他被角色扮演所觸動情緒的成員是好的，而且它可
能對於把他們帶進治療有莫大的幫助。為什麼領導者獨獨需要
處理曉雯的問題，而不理會其他人浮現的議題是沒有理由的。
要求曉雯和姿慧和其他每一個人作他們自己的治療，是具有治
療和潛能的。如果領導者能成功地帶著成員回應曉雯和姿慧，
這對於加速兩位女性的治療相當有利。從我們的觀點來看，團
體功能的最佳時機，不是在我們做個人治療時，其他人在一旁
觀看，而是當我們有效地帶進一些其他的人和相關的主題。然
後，我們方能使團體的過程發揮學習機制的最大功用。

領導者在這個例子中運用了一些方法：完形治療（Gestalt
therapy）要求曉雯誇張；以生理能量法（Bioenergetics）要求曉

雯曲膝，完全地在體能上經驗她的壓力；精神分析法讓曉雯實驗未完成的句子，以減輕抗拒並獲得瞭解；行為治療與現實療法要求曉雯做一個行動計畫和家庭作業。在這個例子裏，涉及到思想、感覺、行為三個領域。

四、「讓我在這裏幫助你們每一個人」

雖然沒有說清楚，但是宜宏的基本態度似乎是「讓我來幫助你們每一個人。我知道你的感覺，我自己曾經歷過那種情形，我會讓你得到答案的」。這種態度阻礙了尋求解釋。雖然對領導者而言，不能嘲笑這種幫助人的態度是很重要，但是他們也需要分辨具有催化作用與非催化作用的幫助有何不同。如果對宜宏非催化作用的幫助沒有處理，那麼團體發展的速度就會減緩下來。以探索性的方式，把他的態度做為焦點將會很有用的。例如，領導者可以說：「宜宏，我注意到你似乎準備變成他人的助手，而且我幾乎未曾聽到你為自己向團體尋求幫助。我記得你在團體開始時說過，對於你家庭的奉獻，已使你感到疲倦不堪，因為你所得到的回饋已經太少了。你現在在團體的許多行為可能就和你在外面的方式是一樣的。是否你願意探索這種情形？」如果宜宏同意，領導者可以提議進行下列的活動：

- 繞著團體裏的每位成員走一圈，告訴他們，「我幫助你的方法是——」
- 「選擇這裏的幾位成員，你願意根據他們的分享來幫助他們，並且對他們表示特別誇張的幫助態度。」
- 「如果在你的生活中，有人扮演幫助者的角色，看看你是否能變成那個人，繞著所有團體成員走一圈，以那個

人的方式幫助他們。」

‧「選擇團體中的某一人，他在某方面引你想起家中某個你已厭倦幫助的人。」

　　為什麼宜宏對於讓其他人為自己奮鬥，感到如此的焦慮不安？是否宜宏認為領導者不會照顧到團體的需要，而他必須要給予指導？這些繞圈子的活動給領導者一個機會去發現宜宏的動機。或許宜宏一直相信他的生活中，沒有人會照顧他，而他的職務就是去照顧每一個人。由於他擔負起別人的責任，以致無法使他看清自己的行為有何改變。標定他是一位隊上的幫助者，是忽略了他的幫助所顯露出來的動態面。最後，經過探索後，他之所以這樣做，是為了想獲得別人的關懷照顧。

　　當宜宏以他慣有的方式表現行為時，為何要他誇張幫助的行為？這是領導者不讓他說明自己的感受，而是給他一個機會，去徹底地經驗自己的行為，使宜宏看清自己行為所隱含的意義，並且讓他決定是否要繼續現在的行為型態。

　　領導者也能運用另一種策略，包括認知的重建，來協助宜宏：

‧要求宜宏列出幫助別人的所有理由。為什麼幫助別人對他這麼重要？他何時決定自己的地位這麼有用？

‧要求團體對宜宏為什麼應該幫助人進行腦力激盪（brainstorm），然後再讓宜宏評估每一句話。這時候宜宏可能就開始挑戰自己假設自己對別人是有幫助的看法。

‧建議宜宏向每一位他想幫助的人索取回報。此時，宜宏有一個機會，試驗他還未表現出來的行為；這個方法喚

起他注意他的給予方式。

・每次在他出現幫助性行為時，讓團體成員告訴他：「宜宏，你又在幫我了！」這種技巧是利用團體成員來審視宜宏的行為。

・讓宜宏在團體外也觀察自己的行為，並且記錄他將自己的需要放在第二位的情況。經由這種自我監視的過程，宜宏可以瞭解他何以拒絕別人的給予。

有一點我們想澄清的，我們並不是反對助人的態度，也不是想辦法讓宜宏採取凡事「我是第一」（me-first）的態度，領導者運用這些技巧，是想幫助宜宏自己發現他與人互動的一個面向，以及他如何影響其他人。他這種超越意願的助人，很容易引起別人對他的憤恨，因為他們會一直覺得對宜宏有虧欠，而每次所能回報他的也很少。在宜宏清楚自己的行為如何影響別人之後，他可以決定是否要改變他這一面的人格。團體提供機會讓宜宏瞭解別人對他的看法，爾後他再重新整裝，決定要如何改變。

五、「從來就沒有人注意在聽我說話」

忠和說：「當我還是小孩的時候，沒有人會注意聽我說話，在學校或家裏時都沒有人聽我在說些什麼，在這裏同樣也是如此。」我們可以讓忠和選擇一些他覺得沒有在聽他說話的成員，以及解釋什麼原因使他相信他們沒有在聽。假設忠和從團體得到的回饋是，「他是對的——大家發現當他說話的時候，都沒有別注意聽」。我們可以用一些方法，探究是什麼原因造成大家不注意聽忠和講話。

- 要求團體成員給予忠和明確的回饋，他們認為他為何很難讓人聽他說話。

- 要求忠和假扮其中一位父母，如果那位父親或母親是站在忠和的位置，他是怎麼獲得或失去團體成員的注意力。

- 如果忠和的聲調特別平舖直述，缺乏抑揚頓挫，為了想找出一些能讓人聽他說話的方式，就請他嘗試對團體唱出他的感受。

- 為了探究忠和因為沒有被傾聽，而能夠得到什麼，可以讓他從這一句話開始：「如果你真的在聽我說的話，會……」

- 問忠和團體中有誰是他想要聽他說話的人，然後他可以對他講話，並提供一些增加他人聽他說話的建議。。

- 指定他下星期的家庭作業，將可以使我們所懷疑他的基本信念顯現出來，並要求他對成員說出他的看法：「我知道我所要說的話不是非常有價值，你們可能也不會注意聽，但是……」

　　也許對於忠和的第一個評述太過具體，可能是一種錯誤。當他說沒有人注意聽他說話時，我們希望能確實挑出真正困擾他的線索。也許他有一段缺乏愛、不受重視和不被傾聽的情緒生活。

　　利用上述的技巧，我們想要：(1)讓忠和瞭解他的抱怨，並且有個機會說出來；(2)讓他誇大那些造成抱怨的行為；(3)讓其他人給予忠和回饋，幫助他澄清他所做的事情，或是瞭解別人與他的交往；(4)讓忠和自己發現何處可以學習做他想做的事；

(5)給他嘗試改變的機會；(6)給他回饋，也許會正向增強他所選擇的改變。這些技巧並非針對改變忠和，而只是提供機會，讓他自己發現他做了些什麼，從何處可以學習它，以及如何做事情才會有所轉變。

這個例子說明如何檢查成員的過去，以配合用來探究此時此刻，雖然常常轉換重點，強調案主孩提時代的家庭動力。通常我們還是先瞭解成員目前在團體中所表現的感情，隨後假使與過去的生活經驗有關，以及團體感覺要在一起努力的話，那麼就準備與他一起探索過去歷史，並且大家一起分享看到他目前行為轉變的興奮心情。

六、「一方面想這樣，一又想那樣」

在輔導工作上愛恨交加（ambivalence）、矛盾（dichotomies）和對立（polarities）是極為常見的情緒。一些常見的對立現象如：「想和家人在一起，又想出去工作」、「想離開你，卻又捨不得」、「我愛我的父親，但是又有點恨他」、「想死掉算了，卻又不得不活下去」、「有時有自信心，有時又覺得一無是處」、「信任你，又不太敢完全相信你」、「想體會事情，又想何必多此一舉」等等，我們尋找可以表達每種矛盾感受的工具，並嘗試確定案主的每一種矛盾感受都能夠說出來，案主就不需要考慮同時發生的另外一端的情緒，而能減輕壓力。

對立性（polarities）是有不同的意義。如果昭宏說話中具有對立的趨向，就可能包含有他真實的一面，或是一些與別人不同的事情。如果他同時表現出不同的對立性，我們的看法是尋找出整合兩者的方法，如果他很清楚知道他想要這樣，但又覺得應該那樣時，那麼我們主要要做的就在澄清這種矛盾，並

提供機會拒絕另外那一面。

澄清矛盾的方法之一就是強化這種情形。一個標準的完形技巧是要昭宏表現這一面時，坐這張椅子，表現出另外一面時，坐另一張椅子。這個活動有個好處是讓昭宏整個人投入扮演，做些象徵性的事，而非在那兒靜止不動。利用兩張椅子可讓我們與昭宏一起澄清認定那一面所表現出來的是什麼，昭宏隨著他的話語隨時換到另一邊的座位上，或由別人提醒他。

從昭宏偏好那一面之中，我們可以看出一些端倪。是否他在坐這張椅子時，聲音死板平乏，坐另一張椅子時卻生氣蓬勃，是否坐在這張椅子時表現舒適自然，在另一張椅子上卻表現得緊張過度。我們要留意昭宏真正表達的意思，並順著他的方向。同樣地，如果他顯示出他的矛盾，「一方面……另一方面又……」，我們便要求他以雙手代表矛盾的兩面。他靠向那邊就代表他真正的意圖。

在運用增強對立的技巧時，領導者必須瞭解何時該讓昭宏轉換座位。領導者也可以不必提出改換座位的要求，因為昭宏可能瞭解自己想要表達什麼，並且因此更換座位。但是當他混淆時，便需要有人引導他。

對立的情形也可能表示昭宏害怕做決定。然而，在這個例子中，昭宏證明了對於他自己的選擇，他所知道的比他想要承認的更多、更清楚。有時候，我們所能說的也只是「假裝你知道自己的方向」，或者「何不猜猜看……」、「你不想知道些什麼嗎？」。

另一個方法是讓昭宏在一個星期內，在意識上堅持兩難矛盾的其中一面，並且讓它變成是主要的事物。或者我們可以問他，假定最後一方獲勝，而且他一輩子都堅守在那個決定上，

那會是個怎樣的情形。

　　這項技巧沒有提到包含其他團體成員在內。就像我們之前多次所說的，我們試圖一直注意對其他人的反應或有誰說了與昭宏治療有關事項。可以配合活動的運用，讓更多的成員加入，也許可以運用下列的方法：

・鼓勵大家彼此分享類似昭宏的矛盾經驗。
・當昭宏坐在這一邊談論他的想法，請他選擇另一個人坐在另張椅子上敘述另一種看法。
・依成員覺得自己類似昭宏的兩難矛盾為原則，把團體分為兩組進行對話。
・讓昭宏坐在中央，聽聽兩組的爭執情形。
・讓團體表決希望昭宏採取何種決定，然後再讓昭宏說服成員改變他們的表決。

　　在昭宏和先前我們呈現的案例中，其他團體成員融入案主問題的可能性就很清楚。

七、「我非常需要你的支持」

　　通常人們都把自己的恐懼隱瞞不說，因為他們認為如果把恐懼的事情說出來，可能就得不到他人的支持了。他們每天就在為這件事煩惱，尤其在團體裏，如果規定每個人都必須表達自己的看法，那麼便會造成他們內心的衝突。

　　耀輝以間接的方式不斷地要求領導者的支持。在此領導者可以使用的一個技巧，即建議耀輝直接告訴她（領導者），他迫切地需要她的支持，並且在一整個星期裏，每日寫信給領導者，和她討論他想獲得支持，以及敘述在當天所做的事情中，

那一件事最希望獲得她的贊同。使用這個方法的理由是想藉行為的表達，讓耀輝清楚地瞭解自己在做什麼。即使這個方法無法使他排除需要別人支持的念頭，至少也讓他學會了自我控制。

另一個方法是問耀輝，「是否覺得團體中有人特別不支持他」，如果他認為沒有的話，便要求他扮演團體任何一位成員，而另外有人扮演不給予支持的角色，然後由耀輝說出他認為另外一個人可能有的想法。使用這方法的理由是想揭露耀輝的投射心理。如果耀輝舉出團體中某位成員特別不支持他，領導者就必須追問，這個人使他想起了誰，並且把他描述出來。

耀輝也可以扮演這個不支持的角色，並對其他成員說些不支持的話。之所以如此，是想發掘耀輝害怕不被支持，可能是因為他心裏有強烈批評別人的慾望。他可能會發現真正害怕的原因是害怕別人像他一樣挑剔。通常需要別人支持的人，也就是特別會挑剔的人。預期這個技巧的結果，是希望團體有自我開放的機會，並且也有機會讓耀輝表達積壓已久的批評或敵意。

當一個案主向耀輝想試探瞭解個性的另一面時——例如，認識被他人拒絕的另一面——將有助於連接到另一問題的處理上。當耀輝對團體其他人提出批評的意見時，他是坐在地上，兩手圈抱著膝蓋。此時，領導者可以對他說，「耀輝，如果你想繼續這項活動，我希望你站起來，並指著那個你批評的人」。這樣一來，耀輝會發現原來壓抑對別人的批評是有建設性的，而且他也會發現當他壓抑對別人的批評時，會使他變得更具魅力。

八、「我覺得自己空洞無物」

儀珊說她害怕再去工作。「我最害怕的是在面對鏡子看到
看己的時候，發現自己原來是那麼空洞，只不過是照著別人的
希望來反應而已。有時，我還可以欺騙自己，也許並不那麼糟
糕，然而，當我仔細觀察時，只會發現自己一無是處，也許我
真的沒有什麼東西可以給人。」在這個例子裏，儀珊可能是真
的覺得自己一無是處，或者害怕變成這個樣子，但事實上，她
也可能害怕瞭解自己或成員。領導者在處理這個問題時，必須
要有充足的準備。

在這樣的例子裏，領導者最常犯的錯誤，就是讓儀珊說出
她的感受，以及認定她肚子裏有很多東西。相反地，領導者應
鼓勵她，去經驗體會更完整的感受。

另外一個常犯的錯誤是領導者太早就認定自己瞭解儀珊話
中的含意，而不讓她表明清楚。此時，領導者應該請儀珊選定
一件實物來象徵她的空洞。假設她選擇了一株空心的枯木，領
導者引導她幻想自己就是那株枯木。或許她會說：「我已經枯
死了，毫無用處，我已經腐朽了，內心潰爛，再也沒有利用價
值。我已經失去生命力，如今只不過是枯死無用的樹幹而已。」
現在，領導者可以從這些具體的語句中找出端倪，瞭解儀珊內
心的感受：「妳提到毫無用處，是否可以再談談生活上有那些
情況，讓妳覺得自己一無是處？」或是「妳描述自己內在已經
腐爛了，不知道是什麼腐爛了？」這些引言可以使她更深入地
探索自己的感情世界。如果她還不能更加地深入，領導者可以
讓她告訴團體成員一些有關自己腐爛、潰爛、枯死和空洞的感
受。

或者，如果領導者懷疑儀珊的話與團體中的另一位成員有相當程度的關連性，那麼就讓她告訴這個人她的空虛。另外一個可行的方法，是讓儀珊對著團體中她認為最有活力的人說出她的心境。如此一來，她會發現隱藏在空虛、枯死的感覺的背後是嫉妒別人比她更具活力。

　　雖然人們說自己沒有什麼可給別人的，常常是因為缺乏信心，但是他們也具有不為人知的傲慢；他們會認為別人也沒什麼可提供給她的。為了想知道儀珊是否具有這種心態，領導者可以要求她告訴團體成員，她是否認為他們也是已經枯死、空洞和腐爛的一些事物。

　　在這些活動的過程中，儀珊表明她空虛的感覺是來自她多年來奉獻心力所扶持的家庭。現在孩子已經各自獨立謀生了，感覺自己已經沒有什麼可以提供的了；反之，她在這團體碰到的一些人，卻仍然年輕、有活力，對生活也有衝勁。這個技巧可以促進成員間的互動與開放。

　　進一步的處理方法，是讓儀珊帶一塊腐朽的枯木回家，做為提醒物，並要求她每天花半小時寫下所有她感到空虛的事情，在下次討論會時再把她的日記帶來，告訴成員每日空虛、枯死的感覺。這麼做的是想讓她經歷完整的空虛感覺。

　　另一種處理儀珊問題的方法是透過想像力的利用，以擴及整個團體。領導者可以利用下面這些話做為開場白：「我願意與妳一起利用想像力，探討妳的感受。其他的人可以跟著做，看看會帶給妳些什麼。首先，想像一些代表妳內心空虛的情景，可能是一座荒涼的廢園、一間暗而空洞的房屋，或是其他妳喜歡的景物。現在，妳幻想自己正要進入這個空洞的地方，置身其中，感受那種令人窒息的氣息。然後再告訴自己，妳正進入

自己的內在心理，卻發現裏面一無所有。現在，我希望妳能談談，在想像的時候，妳注意到那些不足。舉個例來說，如果妳發現妳在那個空曠的地方裏，找不到感受及愛的能力，就把它說出來。我希望能更瞭解妳所謂的空虛。」

依照這種想像過程，領導者也許可以再繼續進行這項活動：「現在，我希望妳看看房間裏的其他人，當妳看到某人有妳認爲是妳欠缺的特質，就把妳的想法告訴他，如果妳願意擷取這個人的某些特質來彌補妳的空虛時，請說明一下妳會怎麼做。」這個技巧可以讓儀珊瞭解什麼是內心空虛，同時可以使她和團體中的人一起處理她的問題。

在這個例子裏，所運用的技巧主要是想讓儀珊有機會儘可能地體驗空虛感，並且從中獲得解決之道。假如領導者相信儀珊的行爲在本質上也是她希望能有所改變，那麼領導者就激她想出一些具體解決空虛的步驟，並且積極地去實行。實際上，儀珊可以想出一個嶄新又有意義的計畫。例如，她決定去做一些她曾經想做而沒有時間去做的事。如此一來，她可以瞭解到想要改變行爲的選擇範圍。

九、「他們就是不會讚賞我」

文玲想解決人們不瞭解她或不欣賞她的問題。她說：「不管我如何努力或不管我做什麼，都不被別人讚賞。我的孩子一直在要求我，使我感覺到他們只是在利用我。我的先生很少說些支持我的話，或者讓我知道我對他有什麼重要性。他也在要求我，似乎我永遠都做得不夠。甚至在這團體裏，常常也會感覺到不被人瞭解、不被信任。不管我做什麼，或我是誰，別人都不會讚賞我。」

我們要求文玲找出不讚賞她的團體成員（包括領導者在內），並和他說話。當她說話時，我們要注意她的表達方式，是否她特別的害羞或特別的冷漠，是否有原因使他人不重視她。同時，我們也想藉此瞭解她所謂的讚賞對她有任何意義，以及她究竟想要什麼。在此，我們讓她有機會列出所有她認為不被讚賞的事情。

如果我們懷疑她說的不被讚賞是從小的時候就有的，那麼我們就請她扮演和父母在一起時，感到不被重視的情形。讓她扮演自己小時候，告訴由團體成員扮演的父母，有關她的感受：「讓時光倒流，妳就是那個小孩，妳的父母也在這裏，告訴他們一些妳想說的話。」此時，文玲可能會說：「你們根本不認可我所做的，我所做的一切對你們而言根本不夠好。」

爾後，我們再讓文玲扮演父母的角色，由團體另一人來代替文玲，文玲本人則模倣父母的口氣說文玲那些地方不夠好，並且將她認為父母可能會說的話說出來。藉由文玲的替身來進行對話，可以讓其他人參與工作，同時讓文玲也有機會看清自己如何與人接觸。這種替身方法可以提供文玲一些選擇的參考，同時也鼓勵文玲說出小時候的感覺，然後可能就會發現是她刺激別人以她希望的方式對待她。這個技巧鼓勵她以語言表現她在孩童時就有的一些情感，並且可能會發現她是如何誘發他人以她所感受的方式來對待她。

這些技巧是根據不同的認知取向，著重挑戰那些影響文玲行為方式的信念。在某些方面，文玲也在嚴厲地評價自己，而不去想想自己即使做了多少事，也都永遠無法使她感到滿足。以下這些開放的語句，可以引導我們做更深入的探討。

- 「你要怎麼做，才會使自己感到滿足？你想從什麼的人身上得到外在的肯定？你會因為得到這些肯定，就感到滿足了嗎？」
- 「只因為你堅持別人必須讚賞你，讓你產生多少無能力的感覺？」
- 「如果沒有別人欣賞，就是不被重視。你相信這句話的程度有多深？」

　　一般來說，我們的目的是希望提供文玲一個機會，仔細思考錯誤的觀念如何左右她。如果她能夠擊敗這種自我貶抑的信念，才可能表現出不同的行為來。

十、「我不喜歡太胖」

　　貞稜很關心她的體重，然而同時又說她喜歡這個樣子。她討厭別人說她超重：「多五十磅不見得就那麼糟糕。」此時領導者要注意貞稜所表達出來的混合訊息；她並不喜歡超重，而「五十磅不見得那麼糟」。一個方式是問貞稜：「如果五十磅不是那麼糟，為什麼妳要提這個議題呢？」這可以幫助她決定她要怎麼做陳述。她要處理超重的五十磅呢，或是她要處理那些認為她很胖的人？還是她要同時探究這兩個問題嗎？

　　假設貞稜要處理自己所在意的超重，以及人們認為她太重的兩個問題。領導者可以建議她，在團體中走上一圈，告訴每一個成員，她想要對那些告訴她太重的人所說的話。一旦她完成這個活動，將有一些線索可找出另外的技巧，用來更深入探究她是如何被那些認為她太胖的人所影響。

　　如果貞稜仍願意繼續探究她在意體重的事，我們可以設計

一個活動，幫助她挑出自己的感受，以及是如何影響她的自尊的。領導者可以要求她拿著重物，並且繼續討論她是否應該嘗試減重。當要求她站在其他成員面前告訴他（她）拿著重物的感受，她說：「我不行了，我無法輕鬆地走到那裡，我被這些東西困死了。」

最後，貞稜可以停止說話而去思考這個活動和自己所說的話在暗示些什麼。領導者要求她重複某些說過的話，將用來形容重物的語句改為形容她的重量。從象徵到具體的說話方式，貞稜已經可以表達出體重過重所帶給她的限制。最後，當貞稜解下這些重物時，她說：「我覺得很輕鬆、很自在。我從來就不知道五十磅有多重。我已經習慣現在的體重，根本不知道他們會造成這麼大的壓力。」團體也許會要求她繼續拿著重物，但她會溫和地告訴他們，她希望能早點將它們卸下。

團體結束時，貞稜可能會說她想去體育館，而在此之前，她會不好意思去。領導者可以讓她在體育館裏做一些家庭作業：偶爾拿一些五十磅重的東西，並且仔細思考在團體裏學到些什麼。

在這個例子裏，貞稜的抗拒心理已經因為象徵性的活動減輕不少，而且也能瞭解到超出的體重對她是個很大的累贅，也導致她不願去親近別人，怕別人嘲笑她。沒有人強迫她減肥，而她有機會去體認到她自己對這五十磅重的不滿。在此必須強調貞稜的信任和團體內成員之間的高度信任一樣，是能有效與敏銳地運用這個活動所需要的。

在我們的處遇中，和那些在意超重的成員談論它是如何影響他們的自我影像時，我們經常發現體重只是一個更深層擔心的徵兆。我們常常傾向去注意深層的掙扎，而且有趣的是，人

們經常在減肥之後，開始欣賞自己是什麼樣的人。有時，如果他們依照社會標準所定的理想身材來評斷他們自己，他們會嚴厲地批評自己。如果他們能放鬆自我批評的態度，並且自己決定要減肥，他們將因自己堅持體重控制計畫而成功。

在此例子中，我們描述了一些小道具如何有效地運用以增強處遇，即使接下來的事不直接和超重有關。我們列了一些可以運用道具而能一針見血，並幫助成員探究他們關心領域的方式：

· 如果有成員說他想躲起來，領導者可以讓他躲在毛毯背後。
· 用座墊和枕頭把一個成員圍起來，強調他害怕與人親近，想保持距離的念頭。
· 當成員覺得沒有時間去做一些事情時，就讓他拿一座鐘，或一個定時器。
· 要求參加的成員搜集一些對個人具有象徵性意義的事物：一塊石頭、一根樹枝、一片葉子、一個空啤酒罐、一本書、一隻鑰匙、一個水果，或是一根香菸。
· 讓成員抱著一個小枕頭，把它當做一個小孩，和它說話。
· 讓成員用一些椅墊來代替引她生氣的對象。
· 用藝術品刺激某位成員的想像力。
· 讓想拋下罪惡或內疚感的成員將這些感受放在罐頭（或水桶、盒子、廢紙簍）裏，並將它們交給領導者保管。
· 讓想要遠離痛苦經驗的成員察看櫃子，並提出特別的記憶。

運用這些小道具，有助於提供成員釋放一些負擔的行動，

至少當時是如此。例如，如果美亞要放不只一件的罪惡感在容器中，就能開始釋放她的罪惡感了。領導者可以說：「我把妳的罪惡感放在這個容器中，所以妳這個禮拜不用去擔心它。如果妳決定要回你的罪惡感的話，我們再來做討論。如果妳決定要回它的話，它仍會在這個容器內。」因為成員會提供豐富的線索來進行處遇工作，所以對他們的話要認真聽而不閃避。這些技巧不能消彌緊張情緒，例如罪惡感、羞愧、盛怒和自暴自棄的情緒。此類的技巧也不表示能解決問題，但可以幫助參與者花一些時間思考，如果少了這些使她感到罪惡、受傷害的感覺，她的生活會是什麼樣子。當然，所有的道具是設計用來增強成員的處遇，而非娛樂團體。常常參與者可能覺得好玩，但千萬不要含成員來開玩笑，不顧他們是否會有損失，這也不是運用道具的基本目的。

十一、「我這樣做，又得到了些什麼」

人們常很快地就忘記他們在團體裏所得到的一些重要而有意義的經驗。有些治療者相信人們會記得他們想要記得的事情，但是我們不同意此種說法。我們認為即使淨化作用和洞察力不是有計劃的改變，但只要是在知性層面上，人們就能藉由再三的思考，使他們從中獲益。怡平的情緒已逐漸平息下來，但是在過去的二十分鐘裏，他討論了幾個課題。他從討論過去曾與某位成員的衝突開始；在接下來的回饋過程裏，其他成員稱讚怡平的一些特質，但是卻批評他苛薄嘲諷的態度。此一回饋導致怡平進行角色扮演，怡平回想起母親對父親的冷嘲熱諷的態度，然後怡平開始為他死去的父親哭泣，也引起了團體另一些成員的悲傷。現在，事情逐漸平息下來之後，我們詢問怡

平他想從這個團體裏學到什麼。他的回答令我們有些失望：「我所得到的就是像母親一樣的嘲諷態度，別人也因而不喜歡我。」我們希望他不只是記得負面的回饋，雖然這種現象在團體裏是常有的。那麼該怎麼辦呢？在這裏我們針對這種現象提出一些可行的方法：

- 讓怡平回顧剛做過的每一段過程，簡短地說明它們的特點。
- 請關心這件事的團體成員告訴怡平，他們最希望他記得些什麼。
- 讓怡平扮演給予他回饋的人，並且儘可能地重複這個人所說過的話。
- 問團體成員看誰願意在怡平的記事簿裏寫下他們希望他記得的事。
- 請怡平描述他如何對活動的結果打折扣。
- 請怡平繞著團體走一圈，並對成員給他的回饋做說明，看他如何來打折扣（例如，他認為莉莉說他很吸引人，其實只是在奉承他）。
- 給怡平一份家庭作業，請他將活動中所發生的事寫在日記上。
- 讓怡平環視活動的房間，在成員熱烈地參與他的解決活動之後，記下他們的面貌、表情。過幾個禮拜之後，在回想他今日的活動時，要求他回憶當時每個人的表情。
- 要求怡平扮演父母，大略地說出他們曾經說過的話。
- 要求怡平站起來對團體說出三、四個剛剛進行過的活動，這些活動都是他認為較特別且願意記得的。

下一章我們要討論一些技巧，用來鞏固每次團體活動裏所學到的東西和還記得團體中學到那些東西。在這裏，我們想強調的重點是回顧、整理洞悉及列出一些決定，可用來鼓勵成員在日常生活中繼續練習。一個過程中，高度的情緒問題是需要在特別適宜的時間裏運用技巧，才能圓滿地解決，而這正是我們需要學習的。

結　論

　　本章我們討論在團體過程中，一般最常被探討的主題。我們的目的是希望創造或運用技巧來幫助團體成員所呈現出來的問題，而不是以技巧誘使問題產生。因此，我們認為最重要的是從成員身上尋求線索，然後運用適當的方法協助他們瞭解自己的想法、感受及行為方式。正如本章裏所能看到的，我們試圖避免事前的計劃或是以結構性的活動來催化團體。我們希望所使用的方法或技巧對團體成員是有用的，並且適合領導者的人格特質及治療型式，所以事實上並沒有絕對正確的處理方法。相反地，有很多創造性的方法可以協助成員自我認識，並且提供他們靈感與勇氣，以改變成他們心目中的理想模樣。另外，有二點是必要的，第一點是你必須瞭解使用這個技巧的理由何在；第二點是在技巧運用之後，你想要達成什麼。最後，只要是在運用技巧，就必須對成員抱持著尊重和關懷的態度，因為這些技巧方法只是促進成員自我瞭解的工具而已，它們本身並不是目的。

問題與活動

1.回想一下我們對團體工作階段特性的說明。想想你曾經帶領過或曾經是成員的團體，描述這個團體如何達到或如何沒有達到這階段。想想你曾加入的團體，以你的觀點評估一下，為何沒有到達解決問題的階段。

2.你團體的一個成員說：「上星期我覺得在團體和成員非常親近，而這星期我覺得很沮喪。」你會如何處理這種論點？你會說些什麼？在那個星期中發生了什麼事是你會提出來討論的？

3.惠琦說她無法與父母親交談。請為她詳列一些可能涉及此項問題的原因，並且說明幾種你可能處理的方法。

4.有人說：「我害怕瞭解自己的內在。」你建議他進入一個櫥櫃中，並向團體成員說出他的感覺。但是這位成員表示不願照著你的建議去做，而且表現相當的焦慮。此時你會怎麼做？

5.假設情感轉移通常在大多數的團體中會發生，你會如何利用這種現象來深入團體的治療？你會抽離出那些情感轉移的坦白來問一些問題？例如問：「在團體中，誰可能像你父親？」

6.領導者認為在團體中，讓逸庭用他的母語表達他目前故鄉的問題的感受，會比用其他語言少掉許多的壓力。請用你的觀點解釋說話的方式與增強情緒之間的關係，並且舉出幾種解釋的方法。你認為像逸庭這樣的人，要求他用母語表達有什麼好處？你如何運用團體中能懂得逸庭母語的人？你如何吸引那些不會說逸庭的母語的人投入團體？

7.當我們溫習過我們建議處理曉雯感覺世界是負擔這個問題之後，請參照書本對病態心理的描述，再討論心理壓力的起源，並請舉出一些處理曉雯的症狀的方法。

8.想像你要處理一群特殊的人，假如其中有位成員問你：「為什麼我們要彼此分享感受？這有什麼好處？」此時你會說什麼？你的回答將如何視對象而變？會視團體而變嗎？

9.在討論宜宏想要成為對別人有幫助的人時，我們提出他的態度可能會抑制其他的成員。設計一種技巧，探索其他的成員如何受宜宏的型態所影響。如果你請宜宏誇大他能對別人的幫助時，試問你的理論根源是什麼？而要求宜宏避免感覺「自己對別人有幫助」的結果又會是如何？

10.人們各自有其不同表達情感與想法的方式，而他們的表達方式可能都很適合他們。然而，他們都可能因為受到團體的壓力而以另一種不同的方式表達。你對這壓力有何看法？如果你看到團體以壓力來要求成員順從某種規範，你將做如何的反應？

11.在忠和的例子裏，他感覺沒有人願意聽他說話，我們也討論一些有關過去的生活史。假如你利用本書做為上課的材料，請將班上同學分成正反兩部分，進行討論。你認為一個行為論者會排除成員過去的過去嗎？而完形論（Gestalt）與存在論（Existential）的看法又是什麼？

12.惠芬說她很迷惑。這個例子裏，領導者運用的技巧是介入她的抗拒行為。如果你使用這個技巧，你將如何向你的同事或學生解釋使用此種技巧的理由？請創造一些面質抗拒的技巧，並與我們所提到的技巧相比較。

13.請閱讀彥城的例子。說明你將如何結合處理昭宏衝突的技巧

來處理他的矛盾。

14.假設你團體中某位成員說你沒有完全地與他們分享你的感受。你將如何處理這句話？你需要考慮那些因素？你自我表露要到什麼程度？

15.在討論到儀珊內心的空虛時，我們建議用導引想像的方法。請寫下你可能會採用的導引想像的方法，並說明你希望達成些什麼。

16.請設計一份家庭作業讓儀珊每天都能探索她的空虛感。請再另外設計一份家庭作業，幫助儀珊向自己荒謬的空虛感提出挑戰。

17.文玲說別人都不讚賞她。請描述在何種範圍內要成員對她唱這歌「我的文玲遠在海的那邊」。什麼時候及爲什麼你要文玲唱這首歌？你想完成什麼目標，你希望有什麼結果？什麼時候你可以要求文玲完成一首有關別人不讚賞她的歌曲？你又爲什麼要她這樣做？

18.有人相信我們對團體整個目標都是杜撰的理想，根本不可能在現實世界中實行，然而我們的生活卻也建立在這種虛構的理想上。文玲說人們都不讚賞她，這句話暗示著何種虛幻的理想？你將如何探索這個虛幻的理想，以何種方法來進行？

19.在團體的工作階段中，要求成員評估自己的進步情形，以決定他們達成自己在團體中目標的程度是重要的。在這個階段，你會用什麼方法來幫助成員評估滿意度？

20.我們曾描述彥城之所以害怕與別人親近，是因爲小時候父母的告誡。你在小時候是否也曾受到父母的告誡？是否有與彥城相似之處？如果有的話，而且你想對彥城做自我的表達時，你會說些什麼？爲彥城設計一些規則和家庭作業，鼓勵

他向這些告誡挑戰。

21.假定貞稜真的想減肥。請你閱讀有關如何減肥的書籍，並為貞稜設定一份執行計劃，其中包括有明確的目標、執行的考核，以及行動的強化。你將如何評估計劃的成效？

22.麗芬說真實的世界並不像團體這樣。如果你是他的領導者，想就這件事解釋讓她瞭解時，你會說什麼？什麼樣的方法較適宜做真實世界與團體間的橋樑？

23.莉莉不願意哭出來。你認為哭泣對她很重要嗎？請說明。

24.我們比較站在這種立場上，我們比起關心成員在團體裏已經說出來的話，更關心他們沒有說出來的恐懼和情感的部份。你對這觀點有何看法？

25.在你的團體中，參與者的文化背景對於決定使用何種技巧或不使用，扮演何種角色？你有任何指導原則，能讓你修正某一些技巧，以適合團體中不同案主的文化嗎？

26.假設你獨自領導的一個團體，有許多成員同時表達強烈情緒，面對這種情形，你將如何反應？如果你被他們強烈的情緒嚇到，你會怎麼做？在這種情形下，你最希望自己像那一類型的領導者？請描述整個現象的發展及你要使用的方法。

27.你認為在團體工作中探討夢境有價值嗎？進行時是否有顧忌？你曾經在團體公開處理某個人的夢境嗎？有什麼方法可以吸引其他成員儘量參與某位成員夢境探索？

28.為什麼梅珍做了有關團體的夢是一種情感轉移的表現？你將運用何種方法來探討此種情形的可能性？

29.閱讀一些完形學派對夢境的解釋。你如何利用完形學派的方法處理惠芬和梅珍的夢？

30. 讓成員彼此只單純地分享他們的夢境而不去解釋的話,這有什麼價值?這種方法對團體凝聚力的產生有什麼衝擊?

31. 擔任團體領導者時,你最怕犯什麼樣的錯誤?當你想嘗試新方法時,你是如何感到害怕的?你如何面對你在團體中所犯的錯誤?

32. 團體成員認為你向某位成員建議的方法是錯誤的,但是你卻認為你的建議沒有錯,此時你該怎麼辦?

33. 我們鼓勵成員對曾經以情緒來表達的東西,能獲得理智上的領悟。如果成員不去思考他們在團體裏的所做所為,那麼我們為成員所做的努力都將付諸流水。很多團體工作者不同意把事件放入個人認知架構中,以及不承認摘要是件重要的事。你的看法如何?為什麼有如此的想法?

34. 我們認為,如果你在團體初期就準備安當,那麼團體到了運作階段就可以自行進展,不需要有人特別在一旁督促。你同意嗎?為什麼同意?為什麼不同意?

35. 對你而言,就你曾是團體成員的經驗,當你在帶領一個團體時,何種技巧是你想引薦進來的?在你做為團體案主的經驗中,使你能較有效地幫助團體其他成員的程度有多少?有什麼樣特殊的方法是你可以運用你的團體成員經驗,來幫助成員深入處理他們的議題的?

第七章
結束團體的技巧

本章我們將討論每次聚會及整個團體互動的終結,這是個常為人所忽略的主題。領導者常會草率而又突然地宣佈團體已經要結束了;他們沒有想到可以把團體經驗中學到的東西加以整合。不過要將學習成果應用到日常生活中,沒有經過培養與建構,是不會自動產生的。事實上,開始與結束是團體兩個最重要的階段。因為開始決定團體的風格,結束則是整合學習成果,以及把行動計畫定出來的階段。我們要再次強調有效的團體,其成員會努力實踐他們在團體中所學到的運用在日常生活中。在每次團體的聚會之中,藉由列出計畫、確實完成家庭作業和在團體外表現行為來實踐所學。團體領導者要注意每次聚會結束時,要教成員如何把他們在團體中所學到的技巧,運用在處理在家庭、工作或學校所遇到的問題。不過團體即將走向結束時,有一些特殊的任務要注意。

不願承認團體的結束,可能反應領導者或成員的潛意識裏不願結束他們日常生活中所扮演的角色。如果沒有處理好團體結束,團體就會喪失探索成員內心情感的機會。甚至,假如不能指導成員繼續回顧和思考從團體過程中所學到的經驗,成員會遺忘或失去更多。

通常在團體結束階段時需要完成下列工作:

・鼓勵成員面對團體不可避免的結束,並充分討論他們分離的情緒。
・成員應該完成他們與其他成員或領導者之間未完成的事情。
・教導成員如何離開團體,以及如何帶走他們學習的成果。

- 協助成員訂定改變行爲的計劃，以及把學習成果應用到日常生活的具體步驟。
- 領導者應該幫助成員在離開團體之後，發掘創造自我支持系統的方法。
- 訂定明確的追蹤與評估計劃。

結束每次聚會的技巧

　　團體領導者必須注意時間的控制。不知道還剩下多少聚會的時間，是沒有經驗的領導者常犯的錯誤。當整理學習成果較有價值時，這些缺乏經驗的領導者反而會尋找新問題。他們這麼做正強化了團體成員在最後片刻提出新問題的行爲，這是一種抗拒結束的表現，它促使成員操縱領導者延長這個聚會。它也可能導致成員認爲領導者能力不足或不夠敏銳。例如，瓊安可能會在團體即將結束時，提出另一個緊急的問題。此時若不迅速解決，就會產生情緒被阻斷，沒有人願意傾吐或是拖泥帶水的抱怨。在團體初期，這些抱怨是不信任的開始。

一、要成員做個總結

　　緩和成員結束的情緒比較好的方法是在團體結束前，視團體的大小，預留至少十分鐘時間，鼓勵每個成員說出此次聚會對他們的意義。可以要求他們回答以下幾類問題：

- 「你能簡短地說明這次聚會對你的意義嗎？」
- 「在這次與下次聚會之間，你願意採取什麼具體步驟，

使你的生活有所改變？」

- 「今天你是否有未完成的事情而想留待下次再繼續進行的？」
- 「這次聚會裏，你經歷到最重要的事情是什麼？」
- 「請簡要地說明一下有那些重要的想法是你想逃避的。」
- 「今天，別人的表現最令人感動的是什麼？」
- 「在我們離去之前，你想給誰回饋？」
- 「你自己學到的東西是些什麼？」
- 「從現在到我們下次聚會期間，你希望被分派什麼事情？」
- 「你在今天有什麼事情還沒有提出來討論，而覺得至少在今天聚會結束之前應該提一下的？」
- 「在這次聚會裏，你得到你想要的嗎？」
- 「你滿意此次團體聚會的參與層次嗎？」
- 「如果你有冷淡、厭煩、不熱心參與、對別人有敵意、抗拒等任何一種情形的話，你願意怎麼做以改變這種態度？」

以上的問題，讓每位成員至少做了一次簡速的成果驗收，這點是絕對必要的，因為它每個星期都刺激成員去思考他們在團體中的收穫與付出。如果他們說他們喜歡目前正在經驗的事情，那麼你可以請他們明確地說出喜歡什麼事情，並且描述他們希望如何改變自己。如果他們表示對團體本身、領導者，或者是他們自己感到不滿意，你可以鼓勵他們明確地說出想要改變的是什麼，以及團體或他們自己為達到改善的目的所擬定的計劃是什麼。假如這項驗收成果的工作能有規律地進行，成員

就比較不會在團體結束階段抱怨在團體裏學不到什麼，也不會想再找理由延長團體聚會的時間。

二、處理未完的工作

如果成員強烈的情緒無法在團體結束之前處理好，那你該怎麼辦？首先，激起某人離別的情緒，本來就沒什麼可怕的，而重要的是能讓個人表達他離別的情緒。敏銳度高的領導者可以協助成員表達他們的感覺，進而察覺出來被釋放的情感。其次，人們常常能意外地在期限之內就完成任務，尤其是在領導者公開時限之後，人會自動地調整進度以符合時間的要求。

領導者可以減緩進展的速度，仍然可以提供給案主有建設性的問題，以便繼續進行工作。他可以說道：「我知道到今天為止，你們之間仍然有很多問題因沒有足夠的時間而無法徹底解決。我提供一種理論性的觀點，你們可以利用它來思索自己的問題，多少會有用處的。」另外一種簡單的方法是問成員：「我們今天因為想探討這個問題而把時間耗盡，你是否願意利用這次到下次聚會前的時間再多思考一下，並在下次提出來討論？」在某些情況下，領導者也許會允許團體超出預定的時間，但是必須有個限度。對案主較公平的方式是他們只要簡單的說他們已經盡可能的提供服務。

如果團體成員在團體聚會即將結束而進入深度情緒狀態時，你會做什麼？通常如果領導者常提醒他們還有多少時間時，成員自己會控制得很好，特別是如果團體規範要求準時結束團體。對於有習慣性帶給團體戲劇性話題的成員，常喜歡忽然挑出新的問題，此時需要去探索到底為何會這樣。但是不管領導者多努力，仍然會有事情在團體快要結束時出現，造成是

不是要不管時間限制而延後結束或不管事情的矛盾困境。這種情況常常會在團體成員開始有轉變時出現。領導者可以講一些話使問題明朗而解除此一困境。例如「忠諒，對我來說，似乎有一些事困擾你，但是我們今天沒有時間可以好好地來談。既然我們快要結束了，我想你是不是能夠稍微地控制一下快要蹦出來的情緒。你先把關鍵性的事簡要地說一下，我們可以在下一次聚會再來談。」領導者所做的簡要談話是想傳達，他瞭解忠諒把問題丟出來卻沒有時間處理的窘境。這是收拾善後和指出與承認問題，給個人一種希望，協助忠諒把事情變成會去處理的問題，不致讓他有不受重視的感受。

某些領導者有錯誤的觀念，他們認為除非一次就把問題解決，否則將永遠失去解決的機會。無論如何，這只是少有的情形。如果這是個重要的問題，它會很容易地再被提出來討論。領導者可以在下次討論會裏提醒案主：「我記得上一次，在討論有關父親的問題時，你表現出相當強烈的情緒。我不知道你是否有更多的感受，或者有什麼事情現在想繼續談的？」通常案主會回答說：「對於那件事，我沒有什麼新的感受，也不想再提出什麼了。」然而，如果案主願意花一點時間，重新體驗前次聚會裏提出來而現在已經不再感到困擾的問題，案主可以很容易再產生同樣的感受。

有些事情在每次聚會快結束時，仍然一直持續著。想要任何事情都能解決是不可能的，而企圖在一次聚會裏就解決所有成員的問題，更是不切實際的想法。就連提早結束問題也是個錯誤。領導者應該避免為了想讓每個人都能愉快圓滿地離開團體，而在每個人身上都投下大量的時間。其實，讓成員留下未完成的感覺及一些事情在聚會後思考，並於下次聚會時提出來

討論,對他們反而比較有建設性的幫助。如果成員離開團體時感覺太過舒適,他們就不會對聚會時所經歷到的過程有所反應。

三、安排家庭作業

順利結束聚會並且能與下次聚會連接的一個技巧,是規定「家庭作業」,或者指定成員自行進行一些曾在聚會時做過的活動,然後在下次聚會時向大家報告進行的情況。這些家庭作業可以由成員自己、領導者或者其他成員設計。成員很少會主動去思考或處理在聚會時所探討的個人問題,除非他們承諾自己這麼做。例如,文達害怕與教授相處,此時,他可以要求自己在下次聚會前,找到一位教授,並且與他討論在課堂上的恐懼。如果文達對自己的決定負責,他就已經在開始改變了。

四、說出你的評論和收集成員的意見

領導者在每次團體結束時,可以把自己的感受告訴成員,或是對團體過程與討論結果做個解釋和摘要。評論的內容可以是團體的凝聚力、成員主動提出討論主題的程度、成員冒險討論沒有安全感的意願、成員彼此互動的程度(不是只對領導者或透過領導者與別人談話),及成員討論負向事件或感受的意願。領導者也可以記錄每次團體運作的內容,並且在下次團體開始的時候,做為解凍的媒介。成員自己可以在討論結束時,記下一些願意在下次團體裏提出來討論的特別主題、問題或私人事務。如此,他們便會在下次聚會前先思考自己將提出來的問題。也許有些治療者會認為這樣做太具有壓迫性和計劃性,然而它卻可以使成員面對自己的責任,並且能充份利用團體有

限的時間。另一個結束討論的技巧是利用最後五分鐘，讓成員自己做個簡單的評估或設計評量表。評估可以使領導者立即瞭解成員對團體的看法。評量表可以在幾分鐘內就算出結果，而可以在下次聚會時公佈。評量表的等級可以從 1 到 10。成員可藉以下的問題評量自己、其他成員及領導者（領導者自己也可以做）：

- 這次聚會，你參與的程度如何？
- 今天在團體裏，你想投入的程度有多少？
- 以你自己的眼光衡量，今天在團體裏，你表現出主動及奉獻的程度如何？
- 你願意在團體裏冒險的程度如何？
- 今天在團體裏，你信任其他成員的程度如何？
- 今天在團體裏，你對領導者的信任程度如何？
- 今天的討論，刺激你思考自己的問題、生活情況，或是可能決定的程度？
- 今天的團體中，觸及你的情緒，或幫助你回想起生活上有情感負擔的事情有多少？
- 在這次團體討論裏，你關懷別人的程度如何？
- 今天，你願意把自己的感受、想法與別人分享的程度如何？
- 你對這次聚會目標瞭解的程度有多少？
- 這星期裏你願意主動練習新行為的程度？
- 此時，你盼望下週再回到這團體的程度？
- 今天在你參加聚會之前，對自己或團體做了多少反省？
- 以你所見，你認為團體的活力、目標的明確性及積極性

達到何種程度？

・你認為這時候團體凝聚力及團結達到什麼程度？

・你願意給予團體其他成員的回饋的程度？

・你願意毫無防衛地接受，並且仔細思考你所得到的回饋的程度？

・你認為團體在你的生活中，具有積極正向的力量，以幫助你改變的程度如何？

・本次團體功能發揮的程度？

　　如果領導者在統計結果時，發覺成員有缺乏參與熱誠、低度的冒險性、對團體缺乏信任感、彼此的分享有限、抗拒返回團體和缺乏團體凝聚力等明顯的傾向，他可以在下次聚會開始時，提出如下的評述：「在過去的兩個星期中，絕大部份的人都認為在團體裏公開自己個人的隱私沒有安全感。你們很多人也認為在團體裏得不到關懷、團體的目標模糊、團體缺乏生氣。我想我們應該一起注意這些傾向對團體的影響，並且想辦法解決有關的問題，尤其我們只剩下幾次團體的聚會。」隨後，成員可以提出自己的觀點，並且公開評價團體。此時，成員與領導者可以共同決定團體改變的方向。

　　總之，如果領導者失去了結束團體的適當時機，他們只好別無選擇地勉強宣佈：「我們團體的時間已經到了，下禮拜再見。」如果這種情形變成習慣，團體聚會就沒有結束的問題，把問題結束也不必統計評量結果，更不用為下次的聚會預作具體的計劃。

結束團體的技巧

　　在最適當的時間裏讓成員離開團體，從倫理上和臨床上來說都是好的實務工作。要達成此一目的，團體領導者要檢視每次成員的進步情形，和定期邀請成員探討與重新評估團體中的經驗。

　　在開放性的團體中，可能每週都要討論結束的事情。如果莎莉會離開團體，要在他離去前，宣佈他將離開團體，以便他能處理離開團體的事情。而團體中的其他成員也可能有些關於他要離開團體的事要告訴他。

　　在時間固定的封閉性團體中，結束的議題必須在最後聚會之前好好地準備。應鼓勵成員表達他們對結束團體的感受，亦即鼓勵他們指出在團體結束之前，什麼是他們還想要的。如果團體凝聚力強，還必須處理成員離開團體後可能產生的失落感。

　　當團體距離結束還有一段時間時，領導者可以利用即將結束的事實，刺激成員儘速處理自己的問題。有時間性的團體中，領導者可以指出時間即將過去，團體終將結束。領導者強調趕快充分運用團體所剩的時間，並且協助團體成員評估他們時間用得有多好，是不錯的作法。不能讓成員認為還有很多時間可以做自己想做的事。如果他們這麼想的話，到團體結束時，他們會感到不滿足。有成員說：「我花了一些時間才瞭解我要什麼和對這裏有信任感。現在團體要結束了，我覺得我可以開始做一些真正的事情了。」

一、準備結束

　　想要在一定的時限裏結束團體，就必須在最後一次聚會之前解決離別的焦慮。領導者應該鼓勵團體成員表達個人對團體結束的感受，以及在機會消逝之前肯定個人最想做的事。如果團體凝聚力強，成員也需要處理團體結束後可能產生的失落感。當距離團體結束還有一段時間時，領導者可以利用即將結束的事實刺激成員儘速處理自己的問題。至於馬拉松或密集式的團體，領導者可以明顯地指出時間過得很快，團體的經驗不久也將結束；成員不應該認為自己還有很多的時間可以做自己想做的事。

　　領導者可以利用下述的問題刺激成員處理自己的事：「假定這是你最後一次在團體裏探究自己的需求。你將如何利用這個時間？」、「如果這是團體最後一次的討論會，對於你曾做過的事，你有何感覺？你會期望你有所不同嗎？」

　　此外，當團體正趨近結束，卻非最後一次聚會時，成員可以探討自己對團體接近尾聲的感受，並且將這種感受與自己生活中的生離死別做一比較。此時，領導者不能低估團體已經成為強而有力的，或是希望的象徵與改變的可能性。他們應該有充足的機會探究這些關連。

　　領導者也要留心成員逃避面對團體結束的徵兆。例如，成員中有很多遲到、嬉鬧以及過於理智的現象等，他們經由這些抗拒行為表現出不願離開團體的心態。此時，領導者願意率先談起結束的話題就是最好的示範。

二、回顧團體經驗的概要

　　除非能利用一些活動設計協助成員複習所學，並將之應用到日常生活中，否則他們會失去大部分的學習成果。其中有一項設計是讓成員一起回憶他們分享的時刻：「我要你們每個人都閉上眼睛，想像我們在一起所發生過的事情已經在錄影帶裏，隨時可以放映，也可以倒回去重新來過。這樣你就能夠毫無遺漏地看清楚，並記住自己在團體中發生的任何事情。現在，倒回到我們第一次的聚會，把眼睛閉上靜坐幾分鐘。你看到了什麼？當時你有什麼感受？其他人怎麼看你的？」幾分鐘後，領導者可以讓成員隨意地與其他人分享自己第一次聚會的記憶片段。然後，領導者再說：「請你們再閉上眼睛，靜坐幾分鐘，只讓這捲錄影帶在你心中運轉，將所有出現的影像變得醒目清晰。對於呈現在眼前的情景，什麼是你印象裏記得最清楚，也覺得最有意義的事？當你覺得已經準備好的時候，請把你所記得的說出來和大家分享。」

　　這種回憶特別情景的方法，可以將成員帶回到團體中曾經發生過的衝突、親密與溫暖、幽默與喜悅、痛苦、緊張與焦慮的生活事件。成員所描述的經驗愈多，就愈能清晰地回憶團體過去所發生的事情，也更增加他們整合與運用所學的機會。

　　例如，同龍說：「我想到有一次別人說我雖然外表粗野，但內心卻有溫柔體貼的一面。那句話使我相信有感受是件很不錯的事。不過，我必須承認，要能自在地表達自我的情感，自己還必須再努力。」麗雯提到那次她與領導者面質的情形：「我仍然可以感覺到你發怒時，身體顫抖的情形。對我來說，向權威者表達自己的憤怒是一種新的感受。我也發現到世界不會因

我的生氣而崩潰。」秋儀回憶：「有次聚會，房間裏的氣氛非常凝重沉默，令我覺得相當不舒服，而想說些話來打破這個僵局。這次最重要的經驗是讓我瞭解到，我們為了保護自己而表現出來的感受與反應，反而阻礙了我們的進行。我也學到了衝突若不公開討論，是不會自動消失的。因為我看到自己表達衝突之後，一切都還不壞。」

三、表達團體經驗的負向面

當團體即將結束時，通常我們會要求成員掃除團體經驗中較為負向的部分。我們擔心成員未能注意到一種錯誤，就是在團體要結束時要在眾人面前表現好的一面，但是稍後卻暗自療傷。我們可以對他們示警，讓他們知道，有話不說出來可能會比說出來之後所受的傷害還大。我們要特別鼓勵成員，在團體結束時彼此說出一些較刺耳的話。當團體沒有機會追蹤或回答處理有關成員在團體中較不好的經驗時，我們可以要求他們坦率地告訴我們。盡力鼓勵成員說出不良經驗主要是希望他們帶著美好經驗離開團體，並且說出他們的收穫，以協助他們認為這個經驗值得留念和持續保留下去。

引導成員說出負向經驗的技巧如下：

- 「假設從今以後一年內你和一些人在一起聊天，話題轉到貶抑團體治療上，你想你會說些什麼？你有可能會以負向的方式加入討論團體嗎？」團體領導者可能會捉及暗示出現在團體過程中的抱怨。「你會抱怨這些經驗不具誠和一直留在腦海裏嗎？你可能會抱怨有人感到被強迫談他們不想談的問題嗎？」

- 想像待會兒你就會開車回家，你可能會想到團體哪些事？你心裏可能會想到團體是如何沒有做好，你也許有感受到但是卻沒有立即說出來是嗎？
- 與回顧團體概要一樣，要花一些時間談談感受較差的時候，在那些的關鍵時刻裏你心理有疑惑？
- 假設一年以後，你接受個別治療，你會告訴治療者那些團體經驗較差、效果不好？你是否願意告訴我們一些你現在想到們會令你抱怨的事？

　　允許每位成員都能與別人分享自己在團體裏有意義的片段，以及重要的學習內容，這個技巧可以使整個團體的經驗，回到全體成員身上。成員可藉以瞭解自己的問題如何影響其他人。領導者可以詢問成員在這重要的時刻裏，他們從自己及其他人身上學習到什麼，以促進概念化的過程。雖然這個回饋與分享的技巧只花費短短的數分鐘，但它卻是一個特別且有價值的經歷。

四、探討離別的問題

　　成員通常會抗拒離開已經建立了親密關係，及能夠自在地表達自我的團體。他們多半會擔心無法向團體外的人開放自己，並且信任他們。成員也會懷疑當他們離開團體之後，是否還能經歷到相同的親密感、關懷、不評判的氣氛與支持的態度。領導者不但不能否認瞭解與探討成員分離感受的重要性，而且還要鼓勵成員尋求在團體外發掘支持的方法，領導者要提醒成員瞭解在團體內的親密感，不是無緣無故產生的。成員要瞭解創造這種氣氛，他們要做些什麼；需要回憶他們曾經在創造一

個有效的團體和信任的催生上，做過那些承諾。然後，他們就能思考如何在每天的生活中，繼續以相同的方式來追求。

五、演練新角色

角色扮演的技巧可以提供成員有效地實踐新行為的機會。他們可以從中得到別人的回饋，其他人也可以提出他從未想到的行為模式，以供選擇。

一個成員經常犯的錯誤，是把重點放在改變生活中的他人，而非改變自己某些方面。領導者此時要強調成員是有力量改變自己，但是卻無法直接地改變別人。例如，立新漸漸感覺已經掌握了自己大部份的喜怒情緒。透過團體的經驗，他學習到表達自己的情感，根本就不能算是沒有男子氣概，也不會帶來什麼可怕的結果。立新目前正擔憂他的小孩，看起來他們似乎在壓抑自己的情感。角色演練期間，他告訴小孩讓情感自然地流露是有好處的。

在其他成員的回饋中，提醒立新應讓身教重於言教，他應該自己做榜樣，對小孩也表現出自然的情感，小孩久而久之就會學習他的行為，而不應該只是告訴他們那樣做有什麼好處。有些成員會變得對生活中重要的其他成員不耐煩，而要他們像其他團體成員一樣與他分享。這些成員卻忘記自己曾做過努力後，才到達與他人分享的地步。在演練預期會碰到的情境後，其他成員可以提醒他們，太過急切地想得到立即的改變，將會趕走身邊的人。

成員離開團體後，另一個很容易遇到的不幸問題是他們使用團體的專業術語太過頻繁。當他們的表達過度依賴使用專門用語時，即使團體的成員也無法完全瞭解他們所關心的事情，

這些術語像是「融入你的感情」、「投射」、「不要認為凡事都是應該的」。成員如果用慣了這些術語，會使他與團體外的人距離越來越遠。角色扮演的對話方式，可以協助成員克服自己加諸他人的意圖。

六、讓成果和計劃變得明確

在所有的團體聚會中，成員應該避免概括性和整體性的陳述，而代之以明確性和描述的陳述。在團體的最後階段，如果成員想要清楚明白學到那些與他們自己有關的事務，並且如何把它應用在日常生活中，那麼把話說得詳細明確更是重要。如果有位成員說：「這個團體給我很大的幫助，我學到很多，也因此成長不少。」領導者可以回應說：「把話說得清楚一點，你學到了什麼，你認為自己有什麼樣的成長？這個團體用什麼方法幫助你？」如果成員清楚地瞭解自己的學習成果及自我改變的計劃，那他們真正去執行改變的可能性就會提高。

最後階段的回饋也需要說得清楚，領導者應該阻止成員在給予別人回饋時，把對方歸類，也不要對別人說未曾在團體裏說過的事情，尤其是有負面意思的事情。在鞏固曾經歷過的事物時，加入新題材是一點用處也沒有的。最後的回饋聚會，不是攻擊或嘲弄他人的機會，也不是過度甜言蜜語的時刻，它主要的目的是給予成員一些他們能帶走，並且能加以應用的東西。此時，明確的反應、印象和簡短的評語是有價值的。其中一個方法就是要求成員在接受回饋時，只要用心聽就好，而不必有反應。他們的沉默，並不就代表他們承認這些回饋是有用的；它只是幫助成員比立即反應更加慎重地思考他們所聽到的回饋。

另一種回饋的程序是讓每位成員對每個人都完成下列的句子：

- 「我擔心你⋯⋯」
- 「我希望你⋯⋯」
- 「我最記得你⋯⋯」
- 「我最喜歡你的一點是⋯⋯」
- 「我認為阻礙你進步的一點是⋯⋯」

其他成員可以為每一個接受回饋的人寫一則短評，然後再把這些短評交給那個人，或者，成員將他們完成的句子寫下來，再交給每一位參與的成員。這個方法讓這些評語較不易為人所忘記。

七、計劃未來

領導者要求成員想像在六個月、一年及五年之後，他們最希望變成的模樣。然後成員可以再想像團體所有的成員在六個月、一年及五年後重聚一堂，他們最希望跟其他人說些什麼話，他們也可以說說未來應該怎麼做，才能達到這些目標。這個設計可以讓成員把注意力集中在短期與長期的生活改變方向。有時，成員會擔心自己不能有所改變。一個有效的處理方法是讓成員想像一年之後團體相見的情形，並且也讓他們表達沒有改變的恐懼。「當團體結束時，你對於自己仍保持一年前的模樣有何感覺？」

成員有時會表達他們無法改變的恐懼。有一個技巧可以問他們想像一年後再次聚會談到他們沒有改變的感受。「當團體結束後，你一年來一直都存在的感受為何？」如果成員感受十

分沈悶，可以挑戰他們作一個改變行動計劃的可能。可以這麼說：「有什麼事是你願意承諾的，以便你能朝你想的方向前進？」、「你認為你在這時候要做些什麼比較好，你才不會失望？」、「一旦團體結束後，有誰是你願意和他們打電話的？」

八、簡要說出個人對團體的反應

在團體最後一次的聚會，讓成員把身為團體一份子的感想說出來，並且摘述個人從團體經驗中獲得的成果，這樣做是有價值的。再者，如果成員用言詞表達他們的反應，並說出學習成果對他們的意義，他們會帶著更多的學習成果離開團體。以下是一些問題的樣本，可供成員回答：

- 「身為團體的一份子，你覺得自己像什麼？那些是你喜歡或不喜歡的？」
- 「你學到什麼與你自己有關的事情？從別人對你的看法裏，你又學到了什麼？」
- 「對你而言，團體有那些主要轉捩點？對你最重要的事情是什麼？」
- 「團體即將結束了，你最想說的話是什麼？」

這個技巧讓所有成員對自己在團體中的學習情形多少有個概念，它也刺激成員思考整合曾在團體中學習過的課程。

九、訂立契約

為未來的行動訂立契約，可以在團體結束後，幫助成員在每天的生活中嘗試新行為。方法之一是讓成員提出文字聲明，一旦團體結束後，個人願意進行那些改變。成員可以大聲地宣

讀他們的契約，其他人可以給予具體的建議，以爲補充，並且批評契約切合實際的程度如何。

　　例如，大偉經由團體工作瞭解到自己在自暴自棄，害怕失敗不願嘗試新的活動。當他瞭解到問題的癥結在於他害怕失敗的心理，就會決定採行新的計劃，也將計劃細節唸給其他成員聽，要求他們建議他應該如何避免重蹈覆轍。結果他接受他們的建議，把自己訂下的要求寫成標語，貼在浴室的鏡子上、冰箱的門上，及屋子的其他地方，這些標語寫著：「我有權利要求我想要的」、「我不必再貶抑自己」、「我能夠也願意超越以前自認爲自己只能做到這些事情」。

十、學習不輕視或不遺忘

　　成員容易遺忘在團體中所學到的東西，或是對自己的觀察結果打折扣。主要的原因是他們認爲在日常生活中，不能找到和團體相同的經驗。因此，在團體結束後，成員可能就會降低團體經驗的價值。例如，怡真認爲團體裏的人對她都非常友善，現在她離開團體後，再也找不到能以相同態度支持她改變的人了。

　　在打折扣的這項活動裏，一些成員組成一個核心團體互相討論，就好像他們在團體結束後幾個月再度重逢。他們專門討論可能會扣減團體的價值與經驗。採用這項活動的理由，是想讓成員預先知道隨著時間的消逝自己可能的改變。或者，他們以角色扮演的方式，演練當他們對生活中的人們敘述他們的團體經驗時，可能會如何地輕視這些經驗。因此，如果成員將來面對類似的情形，就比較不會發生遺忘與輕視團體經驗的現象。

繼續評鑑與追蹤之技巧

一、評估與追蹤上的倫理思慮

有效的實務工作會想出一些策略，以確保團體能持續不斷地評估和追蹤計劃的程序。以下是團體工作專家協會的建議，在追蹤計劃和評估策略上要謹記在心。

- 團體工作者要認識團體持續評估的重要性，以及協助成員評價他們的進步。
- 團體工作者在最後聚會（或結束前），要進行整個團體經驗的評估和持續性評估。
- 團體工作者要檢視自己的行為，並覺知在團體中的示範為何。
- 追蹤程序可以採個人接觸、電話或寫信等形式。
- 追蹤聚會可以用個人、團體或二者共用之方式進行，以決定：(1)成員達成團體目標之程度；(2)團體對參與者正向或負向之成效；(3)成員可以從某些轉介形式獲得幫助之程度；(4)未來團體可以做何種改進之訊息。如果沒有任何追蹤聚會的話，成員需要或應該要求有這種接觸。

二、進行追蹤訪問

追蹤訪問是一種評估的方法，領導者可以在團體結束後的幾個星期到幾個月之後，對每位成員做一次私人的訪問。這種訪問可藉以督促成員繼續改變，領導者也可藉以評估團體的成

效。

　　這類訪問的目的是想瞭解成員達到個人目標和實現個人承諾的程度。領導者和成員可以利用這個機會討論團體的影響，並使學習得以不斷持續的方法，或是討論團體遺留未完成的事物與情感。如果成員將團體學習成果應用到日常生活有困難的話，這個私人的訪問就是探討解決之道最佳的機會，也是領導者推薦適合他的團體或個人諮商的好時機。

三、鼓勵成員彼此互相聯繫

　　這個方法可以使成員在團體結束後，當他們要採行新行為或完成一項活動計劃時，能得到其他成員的支持。尤其在成員發現他們並沒有督促自己完成更多的行為改變時，這種定期的接觸顯得更為重要。成員可以打電話給其他人，向他們報告自己進展的情形。此時，成員會得到雙重的支持與刺激。成員可以選擇一個或多個願意與他聯繫的人，在團體結束後幾個月內，至少一次向他們報告自己的進展情形。這是一個負有責任的方法，它也可讓成員學習如何建立支持系統。

四、安排追蹤聚會

　　在團體結束後幾個月內，可以舉行一次追蹤聚會，以評估團體對每位成員的影響。這樣的聚會，使成員能再有機會繼續接受來自團體的利益。因為成員知道他們未來還有機會見面，一起回憶團體中的所做所為，所以他們會願意繼續與其他人保持聯繫。這樣的聚會可以讓成員瞭解學習成果如何運用於日常生活中，領導者也可藉以瞭解團體的整體影響效果。

五、學習尋找更進一步成長

　　一次的團體經驗可能只是很多成員成長的起步。即使有些成員可以從第一次的團體得到一些收穫，但這些常常只是使他們獲得更進一步成長經驗的準備。因此，在最後一次的聚會期間，或是在追蹤訪問、追蹤聚會時，領導者可以給予那些希望持續進行成長的成員一些建議，包括推薦個別諮商（individual counseling）或治療（therapy），以及推薦其他封閉式團體、研習營，或成立以原來成員為主的團體。領導者也可以建議成員閱讀資料，並且聯繫某些社團，讓成員接觸到不同的社交活動。成員自己也可以利用最後一次聚會的部份時間，進行腦力激盪的活動，以尋找更進一步執行工作的方法。因為成員只有在時間耗費之後，才會想到加入其他團體或接受個人諮商，追蹤聚會則是強調參加不同型態成長計劃的最好場合。

評估團體的技巧

一、評估表

　　領導者可利用一些評估的設計，以評定團體的成果。我們較贊同的設計，是將最後一次聚會與追蹤聚會中成員的主要反應記錄下來。成員對團體剛結束與團體結束幾個月後的感覺，常有相當的差異。因此，兩段不同時間回饋的比較，是有其價值存在的。

　　評估是讓成員評估他們對團體的滿意度，以及他們在團體

中的投入程度。可要求成員回憶印象中最深刻及重要的事情；可要求成員具體說明他們在團體中，爲謀求適當改變所採取的行動；可請成員說明何種方法對他們幫助最大或最小，應該如何改進；或者可以請他們描述他們眼中的團體。領導者可以視成員之間的關係，設計一種結構性的考核量表，或者徵求一封對團體的公開信，或是採用等級量表與簡單問題的綜合評估表。

　　這種評估的優點，不只是領導者可用以測定團體的成效，成員也能有段時間專心思考他們曾在團體裏做過的事，以及獲得的經驗。下列表格內的問句是領導者用來瞭解團體對成員的影響。

成員評量表

1. 團體經驗對你的生活有何影響？

2. 團體讓你留下最深刻的印象是什麼？

3. 有什麼特別的原因使你對於自己的生活型態、個人態度及人際關係更爲瞭解？

4. 你生活中的那些改變是來自於團體的經驗所影響的？

5. 領導者所運用的方法中，那一種對你影響最爲深遠？那一種對你的影響最少？

6. 你對於領導者及其領導風格的瞭解有多少？

7. 當你想在團體外完成你在團體內所做的決定時，你遭遇什麼問題？

8.團體結束後，你問過自己什麼樣的問題？

9.團體經驗對你是否有負面的影響？

10.對團體應該如何進行，你有何負向的或批判性的看法？

11.你參加這個團體，對你生活上重要他人是否造成影響？

12.如果你不曾參加這個團體，你的生活與現在的生活會有什麼樣的差異？

13.如果要你以一兩句話來說明團體對你的意義，你將如何回答？

二、團體領導者的日誌

寫下團體過程的記錄是個極好的方法。領導者可用來評價團體的進展情形，及衡量團體發展階段的變遷情形。領導者不只要注意團體的發展及成員的行為，也要注意成員的反應。以下一些範圍可供領導者記錄參考之用：

- 你對團體最初的看法如何？你對整個團體的反應如何？
- 一開始你對每個團體成員的反應如何？這些反應或印象有何改變？你發現自己最希望和誰一起工作？很難和誰在一起？
- 在領導這團體時，你的感覺如何？你通常都喜歡待在團體裏嗎？你分擔團體進步的責任嗎？
- 有沒有因為沒有探討個人所關心的事而感到團體停滯不前？你有沒有因為對某些話題感到不舒適而逃避這

些話題？

· 此一團體發展的轉折點為何？

· 你在接受成員非防衛性的回饋上有多開放？

· 你認為造成團體成功或失敗的因素是什麼？

· 每次聚會的關鍵事件是什麼？

· 描述團體的動態及成員間的關係。

· 如果此一團體組合的成員和你很相似，你想這會是個什麼樣的團體？

· 在帶領這個團體的過程中你學到了什麼？

· 對每一特定成員的反應，你從中學到什麼？

藉著這樣的記錄，你可以回顧團體進展的趨勢，並且計劃團體未來的發展或是改善技巧。

你也可以記錄每次會議的觀察結果，並將這些記錄在下次聚會前先交給成員。也可以鼓勵成員寫些簡短的過程記錄，讓你跟成員們彼此分享觀察的結果。在最後終結的時刻裏，這些記錄就是團體重要事件的摘要。此外，協同領導者聚會討論團體的進展時，他們可以參考這些記憶，比較個人記錄的差異。

最後，做記錄是領導者綜合整理個人工作的好憑據。你可以預留部份的空白用來記載生活上心裏惦念未解決的事情，例如，你知道自己因為成員的緣故，而使感情受到傷害與挫折，你自己也決定不在團體裏討論這個問題，但是卻可能因為寫下自己對自己的進一步治療而從中獲益。

結　論

　　本章我們強調團體結束階段工作在增強學習效果及提供團體成員成長和改變的重要性。回顧重要內容、整理所學習到的東西、角色扮演、給予與接受回饋，以及記錄，都是團體最後階段有效的運用技巧。如果領導者沒有對團體結束階段付出足夠的注意力，或是領導者只強調團體過程的經驗層面，而不鼓勵成員運用智慧將他們的經驗賦予意義，就不能促使團體成員有透澈的瞭解或成長。

問題與活動

1. 假設你的團體在聚會快要結束時，有成員提出新而有力的資料，此時你將說些什麼或做怎麼樣的反應？你能想出任何方法阻止成員在團體結束階段提出新的東西嗎？
2. 描述一些你可能用於結束團體的技巧或策略。
3. 我們曾說過，領導者或成員不承認團體即將結束的事實，可能表示在他們的潛意識裏有逃避面對別離與結束的慾望。你自己對於團體結束的情感與反應，如何影響成員探索自己對團體結束時的感受？
4. 你認為從事團體工作最重要的收穫是什麼？如何在結束團體聚會時，增強這些收獲？請討論團體成員人數和團體目標對

團體的重要性。

5.依你之見，指定家庭作業和給予成員在團體外實行新行為的建議有何價值？對於你的團體，你可能採用那些屬於這方面的技巧？

6.如果有位成員責怪你看手錶，你會說什麼？身為一個領導者，你會注意控制時間嗎？你是否給予團體充分的時間，以便在結束前能對團體發生的事做個摘要與整理？在這一點上，你會採用那些技巧來處理？

7.什麼時候你會再次提出某位成員在上回討論會裏曾提過的問題？如何提起？有那些重要的考慮？你會提醒成員尚有前次留下未解決的問題嗎？如果那位成員表示她未曾再想起這個問題，那麼你該怎麼辦？

8.在評估團體的進展時，你會考慮到那些因素？

9.在為期十週的最後一次團體聚會上，部分成員要求你再延長幾週，這種情形下，你要考慮那些理論性的因素？你將如何處理這件事？

10.團體要結束了，有位成員想繼續和你維持一種社交關係。此時，有那些重點是需要考慮的？

11.我們討論一些讓成員回顧團體過去重要時刻的技巧。請設計一些類似於此的技巧，並想像將如何進行。

12.有位督導員問你團體進行得如何，你將以什麼標準來回答？

13.我們曾提出一些問題做為成員對團體的評估表，請為你所領導的團體製作一份適合的評量表。你為什麼會或為什麼不會採用這種表格？

14.在團體最後階段裏，最重要的考慮點是什麼？在這階段裏，你希望成員把注意力放在那些特別的問題上？你會運用什

麼技巧來幫助他們？

15. 某位成員計劃在離開團體之後，大家還能繼續見面，你認為這樣結束團體的方式，與團體完全地結束有何不同？其主要之區別何在？

16. 成員不可能完全記住團體中的每一件事。你最希望成員記住什麼？你要運用什麼方法協助他們回想及溫習這些課程？

17. 如果成員沒有坦誠地面對團體即將結束的事實，你認為團體會產生什麼負面的結果？如果你感覺到成員有意避免談到團體的結束，你將採取什麼方式處理？

18. 在團體快結束時，你要求成員談談他們從團體經驗中獲得些什麼，其中一位說：「我確實得到很多，獲得很多的經驗，也接觸到自己的情感。真是棒極了！」這個人所說的話是否會讓你感到擔憂，你會對他說些什麼？

19. 我們曾說過，團體學習成果不會自動轉移到日常生活上——必須經過培養與建構。你對這句話有何看法？有什麼方法可以促進將學習成果轉移到其他情境上？

20. 假設你和同事或助理人員計劃想在團體最後的幾次會議中運用一些策略，如果你反對事先的計劃，請解釋你反對的原因。

21. 你的團體在結束後幾個月舉行一次追蹤聚會。你最想問成員什麼問題？你認為這次聚會的主要目標是什麼？

22. 追蹤聚會時，成員可能會因為自己沒有進步而導致有罪惡感，你要採用什麼技巧來增強成員採取行動而有收獲，以激勵成員繼續努力？

23. 有何其他方式你想用來評估團體？

24. 你向某位成員建議，他可以嘗試參加另一個團體或個別諮

商。他說他覺得你在告訴他，他在團體中沒有任何收穫，你將如何向他解釋？通常你是如何轉介，或是什麼原因促使你建議成員參加另一個團體或接受個別諮商？

25.我們討論過領導者記錄過程重點及個人心理反應的好處，你認為這種記錄方式對於你評估團體進展是否有幫助？何種主張你最想納入過程記錄？請討論。

第八章
摘　要

在本章中，我們將提示一系列要點，以澄清一些我們領導
風格的內在基本原則。我們要特別強調這是我們的看法，而我
們提出來給您參考，並且以可以理解的方式讓您找出自己的風
格。這不是一系列帶領團體最好方法教條的宣示。

・認清以案主為主

我們似乎在書裏介紹很多直接且具結構性的領導型態，較
少提到實際的案例。也許不可避免地給人一種印象，這只是一
本談論技巧的書；其實，我們雖然在領導上扮演一個主動的角
色，但我們仍然不斷地回應與迎合案主的需要。我們視治療與
跳舞的性質相同，有時我們仍帶著舞伴跳，有時我們跟著跳；
但是在每一支舞裏，我們都在尋求如何與舞伴配合得恰到好
處。我們相信對案主的敏銳與尊重是治療上互動的基礎。我們
在尋求適合案主的技巧，而不是促使案主迎合我們的需要與技
巧。

・拋開成見與假設

如果我們要成為治療上的催化劑，就必須將我們對成員先
入為主的偏見棄置一旁。我們不應該單憑理論上的解說就把案
主定型，也不應該以刻板化和一般化來衡量案主。如果你與一
群青少年相處，在運用技巧之前，就先認定他們具有叛逆性；
或是你與一群老人一起工作，事先就認為他們不再有性生活，
那麼你就是接受了自己對他們的成見，而不讓案主自己來告訴
你他們是誰。最低程度，我們希望你能瞭解你對自己的成見，
並且儘可能地讓自己的成見不要在團體裏出現。

·技巧的運用要配合案主文化差異的需要

由於文化影響案主行為，不論案主是否注意到，一項負責任和有效的服務應該瞭解文化差異和相似的範圍。從一個較廣泛的觀點來考慮文化因素是很有用的，其包括的因素有：種族、家庭傳統和信念、宗教、社經地位、性別等等。團體領導者要發掘和修正個人滿足不同文化成員之需求是很重要的。真誠地尊重團體成員之間的差異，將是建立彼此之間溝通橋樑最重要的因素。有效的多元文化實務工作要能立場開放，並彈性地採用個人技巧來配合團體中個人之需要和情境。沒有一種正確的技巧組群能在各種情境中通用，因為它不尊重案主文化差異。

·留意價值觀

我們說過技巧是領導者能力的擴展，它也是用來配合問題的環境脈絡及案主的個性。我們不相信人格特質中的價值標準，不會影響我們處理問題與提出解決方法。因此要不斷地努力覺察自己的價值和需要，是如何影響你做的干預。雖然倫理實務指示你，要避免強加個人價值到成員身上，但是如果隱藏個人價值、信念和需要會帶給參加團體的人問題時，你要把價值、信念和需要給顯露出來。

在我們的團體經驗中，我們用某種技巧時常會反映我們的價值。當我們在團體工作中提出一種技巧時，其中已經隱含了我們希望團體嘗試進行的方向。當我們向成員推薦一種新行為時，我們也同樣暗示著，希望案主能採納我們的建議。例如，假如我們鼓勵一位案主進行角色扮演，並與一位異性成員對話。此時，我們就是希望案主能學會自在地與異性談話。事實

上，所運用的技巧反映了我們的價值標準，但並不表示我們將自己的價值判斷強加在團體上。我們希望案主如何做，也並不表示我們不尊重案主的決定。一般來說，我們是依照案主的希望來決定我們的行動方針；但是，至少我們要能夠注意到，在何處我們把自己的價值觀加入進去。如果你的價值觀認為無論如何都該避免衝突的產生，那麼你在運用技巧時，就會明顯地避開衝突；如果你的價值觀認為憤怒常需要表達出來，那麼你就會運用強調憤怒的技巧。最低程度你可以知道自己的表現，也可以讓成員認識你自己及你的價值觀；但是，你不能利用你的偏好來操縱其他人。

· 瞭解事前準備的重要性

我們認為領導者為了使團體順利進行，應該讓自己與團體成員先有準備。因為適當的準備可以減低團體工作的危險性，並且把效率提高到最大。有些團體發生問題不能達到有效運作階段的主要原因，可歸之於缺乏充分的準備基礎。準備工作可以包括讓成員知道團體的特性、教導他們如何從團體經驗中獲得最大的益處，以及鼓勵他們將重點放在想要的特定問題上。除了成員要準備外，領導者也要有適切的準備，他可以花點時間在自己的日常生活上，以及思考希望團體達到的目標，好讓自己在心理上有所準備。與可以和你互補的協同領導者一起準備，將使團體進行得較完滿。

· 要特別強調保密

除非團體成員感受到可以很肯定地信任領導者，並相信其他成員會尊重他在團體所分享的事，否則他們是不會以有意義

的方式表露自己。作為團體領導者的重要責任之一，是藉由明確地定義「保密」的意義為何，以及協助成員瞭解能維持保密的不容易，以便保護成員。當然，保密的限制是要一開始就弄清楚的問題；諸如領導者在法律上有洩密義務之情形。在整個團體的適當時機中，你要一直提醒成員保密對他們工作的有效性是多麼重要。

雖然成員不可避免地會想對生活中重要的他人談他們的團體經驗，但得提醒他們可能會無意地侵犯到他人的信任。一個通則是，成員談他們在團體中學到些什麼就不會侵犯保密性，而描述他人做了什麼和用了什麼技巧談別人是如何改變的，就可能犯規了。

・把使用技巧當成手段而非目的

我們相信技巧並不比用它的人優秀，如果技巧不能適合個別的案主與情境，那它一點好處都沒有。因為技巧使用的結果，會受到團體氣氛和領導者與案主關係的影響。技巧是為了達到目的的一個手段──它們將擴展延伸現有的問題，也鼓勵深入地探討問題。當領導者關心利用技巧勝過利用自己能力來解決案主的問題時，或者當技巧已經變成了目的時，就會喪失團體過程的重心。

・耕　　耘

我們認為不應該突然而莫名其妙地使用技巧，卻一點也不考慮團體成員彼此間的關係。因為運用技巧會激起成員強烈的情緒，所以要先估量案主心理準備的程度。我們不強迫成員，而是邀請他們經歷團體，但讓他們有反對的餘地。我們相信經

由我們善意的表達，可以贏得他們的信任。

・使用試探性的語句

當我們想運用技巧的時候，常會這樣說：「你是否願意……」、「如果你……將會有……結果」、「你認為你能……」。當我們提出一項說明時，常習慣做如下的開場白：「我有個預感……」、「如果我是你，我會覺得……」。我們在選擇用詞時，不要讓人家有高高在上、不容反對的印象，但是也不要用無意義的修飾語沖淡我們所要表達的意思，例如，我們應該以直接且不加修飾的方式，給予別人回饋，但是在解釋或介紹技巧時，則應該採用試探性的詞句，讓成員有婉拒的餘地。

・使用簡潔的詞句

我們在介紹技巧時，要非常簡單與清楚，讓小孩也能夠瞭解我們的說明。團體不可避免地都會發展他們自己的特殊用語，但是我們要禁止使用工作範圍以外的普通用詞、語意不清的俚語，以及街談巷尾中的陳腔爛調，而使用清楚和描述性的語句。

・留意非語言的溝通

我們要瞭解案主的非語言溝通，以及我們如何表達非語言的自我。為了想建立彼此的信任關係，我們不只要選擇說話的詞句，還要向案主表達我們的尊重。

・把問題提給成員

領導者常困惑於如何掌握情境，以及未能運用成員智慧此

一最顯著的資源。從他人之處獲得協助最簡單的方式之一，就是開口問他們。例如，如果我們想說某種技巧可以增強成員互動方向，或試想如何修改某個看來無效的的技巧時，我們可以簡單說出我們看到的問題給團體，並且要他們提供建議。這麼做可以產生二種效果：其一為解釋或澄清，另一個為建設性地把成員納進尋求解決問題的過程中。

‧不要違反團體的走向

有時我們在使用技巧前，心中常會預想團體進展的情況，但是團體中所出現的資料，往往會引導往不同的方向進行。例如，某位案主誤解我們的指示，而做出不符我們心中所想的事。我們也會發現，某種技巧可能一次或好多次都運用得恰到好處，但是我們不能總是認為在其他相同的情況下，也應該會發生相同效用。我們常碰到我們想引進團體中，如把焦點放在某個主題上，但團體卻表現出沒什麼興趣。我們一直不斷學習到的就是「順勢而為」。

‧要有嘗試的意願

我們認為就某些方面來說，經驗老到與缺乏經驗的領導者間的差別，在於願意事先嘗試與計劃。我們發現，如果我們害怕嘗試創造技巧以配合情境，我們就不能自然地利用自己的情感資源。我們教導新進的領導者知道某些陷阱，並事先採取必要的防備，但我們也同樣鼓勵他們信任自己。如果你發現自己精神不濟或缺乏創造力時，你可以考慮尋求更多的督導，增加與不同的協同領導者一起工作的機會，或是參加不同型態的訓練營。

・願意找顧問協助

領導者將會有機會從同事、督導者或其他專業人員之處獲益。當你覺知你有個人問題或衝突，而傷害到專業判斷或協助案主時，在倫理上所要作的是尋求適當的專業協助。同時，當你的困擾影響你帶團體的有效性時，你專業取向上的標誌，即是尋求有關倫理事務上的諮詢和督導。

・認清治療是個人的需要

就團體工作者而言，我們應瞭解探究一個人自己的生活，是需要長時間的努力。我們認為處理任何一種個案時，不可能也不應該把我們能接受而對方不一定能承受的事物，加諸在他的身上。我們發現自己治療的深度與進步，是因為領導他人的結果，但是我們相信，隨時隨地探索深層的自我是很重要的。一種測量自我探索之進展的方法是問自己下列的問題：事實上，如果團體成員的個性都像我一樣，那會是什麼樣子？這樣的團體會陷入什麼樣的僵局？何種類型的抗拒常會出現在團體中？

・連接成員間的工作

我們認為為了使練習活動能成為團體解決問題的技巧，應該考慮讓一些成員在同一時間內一起參與問題的解決。團體中某些針對個人的工作是適當的，但若涉及到一些人，最好要能善用時間與資源。在這方面，領導者在協調團體時，要能善用創造力與直覺，從成員提供的資料中確定討論主題，並指導成員如何才能共同完成這主題。

·運用道具

我們發現如果我們能多加留意現實環境中有用的事物，那麼解決問題的技巧就變得相當多了。例如，領導者正處理一位案主的問題時，這位案主說當他看到擺在外面的厚紙箱，就覺得自己被過去的記憶限制住了。一會兒，領導者請人將紙箱抬進房間，再請案主進入那紙箱中，要他告訴大家把他限制住的各種事情。運用這些道具可以增強技巧使用的效果，以便誇張一種經驗，並對隨之而來的反應提供有價值的象徵。

·使用案主的隱喻（言外之意）

本書從頭到尾都一直強調我們要隨著成員提供的資料來帶領團體，並且視團體技巧為突顯團體中已經發生的事情的重要手段，而非試圖依照我們事先安排好的程序來找和確定進行方向。這種看法的關鍵性角度是我們創造一種技巧，把成員在團體中所說的隻字片語和隱喻引進團體來。亦即我們想把成員的隻字片語當成技巧，以及提供給我們創造性工作的情況。

在督導學生領導者時，我們發現他們出現焦慮時，會把焦點放在案主所說的話上面，而沒有聽到案主的隱喻，或是聽到了，卻不認為有豐富的意義包含其中，例如，成員說他感到空虛（empty）時，透過鼓勵他們探索空虛的真正意義，以進一步檢視他們的言外之意，是非常具有治療性的。他們如何描述空虛？如何感到空虛？如果感到空虛是可能失掉了什麼？他們會做什麼來面對這種感受？

看看以下隱喻的豐富性：「我覺得像一塊被放在絞肉機的肉，正在絞動著。」此時，應有興趣進一步探索誰是「肉」，

誰是「絞肉機」。如果成員願意誠實地來談的話，這將是個好機會，團體會成為一個安全的場所來作很多的探索。透過隱喻，成員表達出許多東西，領導者需要更加瞭解成員話中的意思。

·創造適合整個情境的技巧

在團體運作階段，我們認為我們主要的角色是順著成員提出來的問題，和公開這些問題讓大家一起探討，而不是試圖尋找解決問題的辦法。因此，我們通常不會去製造新的問題，而是順著案主提出來的問題，運用適合他們的技巧，以促進過程的流暢和找出問題的關鍵所在。

·幽默的運用

我們常碰到如何使正哭喪著臉的案主破涕為笑的問題，我們也發現幽默和笑聲常會不經意地從團體中冒出來。我們也會毫不猶豫地在我們介紹的技巧中加點笑聲來製造幽默。例如，幽默可用在給人回饋上。團體裏的一位女成員不解地表示，為什麼男人老是在追求她。過一會兒，男性領導者穿著一件剪裁合身的乞丐裝和一條緊身短褲：他騷首弄姿地在房間裏走來走去，模仿那位女性成員的樣子維妙維肖，口中還說：「為什麼他們在都追求我呢？」這次模仿非常得有趣，而那位女性成員也獲得了前所未有的回饋。這種以詼諧的方式達到互動的目的，雖然是一個好方法，不過通常要在成員關係已經建立，彼此能夠信任的情形下，才能發生效用。更重要的是，模仿的目的是企圖藉幽默來表達我們對他的關懷，而非刻意嘲笑。在團體裏運用真誠和具建設性的幽默可以增強團體的信任。

‧從明顯的事實著手

雖然我們可以使用複雜的解釋,以表示為何我們認為案主
有此行為的方式。但在決定我們的判斷時,我們最好還是依照
出現在我們眼前的事實與明顯的現象。經常有些領導者會一直
往深處發掘問題的核心,而忽略了眼前的事實。他們自以為是
地解釋成員大聲吵鬧的原因,而不會鼓勵成員說明到底發生什
麼事情。佩玲挑選國強扮演她的情人,領導者卻忽略了佩玲選
國強的原因就是她覺得國強非常吸引人。但是凡是技巧都該強
調明顯的事實。

‧思考理論

我們認為團體領導者應該不斷地思考他們的理論取向。理
論就像一張可辨識的地圖,但不是固定不變的。理論隨著我們
的工作與經驗而修改。因此,任何時候我們都可以說我們考慮
到了人的特性,而人的特性也影響了我們治療工作的型態、選
用技巧的理由,以及盡我們所能幫助案主的觀念。很多實務工
作者非常信任他們的直覺與預感,卻極嫌惡知識和理論,也不
願仔細思考他們在做些什麼。如果技巧是治療者人格的擴充,
那麼治療者就必須經常檢視他們的理論假設。

‧認清責任的界限

我們把一起進行治療工作的夥伴,視為與我們共同接受考
驗的同伴。早先,我們將治療比喻為跳舞,有時領導者帶著別
人跳,有時又跟著跳,但是都在亦步亦趨地追求配合。我們不
認為需要對舞跳的好壞負全部的責任,我們認為我們的責任

是：首先在替我們自己和案主做好接受團體經驗的準備；其次是提供適合工作進行且有意義的環境；第三是使自己能有效傾聽，並與案主在心靈上溝通；第四是提供技能與技巧，以催化團體的探索，協助案主從經驗中獲得最大的學習機會。我們不認為團體的成功就全歸功我們的努力，而團體的失敗，也並不全是我們的錯誤。就像跳舞一樣，我們與案主共同都有責任。

‧不要企圖直接改變成員

我們常常假定案主能在我們的影響下徹底改變，但又不把這些改變看成為案主而做的，就像是雕塑家的泥土，案主成為我們操縱技巧的被動接受者。其實成員不一定是完全消極被動地接受我們的給予。我們應試著提供一個最理想的環境，讓團體參與者能表達他們的感情，重新檢驗與思考他們的決定，以及嘗試新行為。總之，就是讓成員有機會思考他們改變的途徑與方法。雖然，我們運用技巧是想邀請成員改變，並鼓勵他們這麼做，但是我們卻不認為是技巧造成成員的改變。技巧只不過是增強案主瞭解改變的可能性，就像有位案主認為在這些選擇中，最困難的是想把團體中的學習帶到日常生活上。我們對技巧有興趣，並不只是將它視為表達情感的傳遞工具，同時也是思考、檢驗假定、嘗試不同行為和練習改變方法的增強劑。

‧試圖整合思想、感覺和行為

我們不同意在思想、感覺與行為之間有基本上的鴻溝存在。當我們鼓勵團體成員表達他們的感覺時，我們也正要求他們注意自己當時的想法，以及注意自己如何提供行為的參考架構。在某些時候，如果我們要求成員避免去思考他們說過的話，

我們的目的是讓他們能更徹底地想清楚，然後再進行改變。有些治療理論強調感覺而反對理論，有些則主張思考而反對感覺，另有些則認為行為是獨立於感覺與思考之外。我們領導與運用技巧的型態，顯示出我們對這些對立與分歧非常地不同意。我們透過技巧讓案主有機會去經驗和表達自己的情感。但是，我們也同樣地關切他們如何連貫自己的情感與信仰體系，以及他們如何建立假設和假設的根本原因。爾後，我們鼓勵他們在團體中嘗試新行為，並且持續到底，以及考慮如何將具體改變的行為應用到團體外的生活。

・鼓勵以言語表達

大部份我們運用的技巧都強調口語表達的行為（verbal behavior），如口語表達的角色扮演，句子完成，輪流對話。強調以言語表達是符合我們對思考、感覺和行為理論上的認定，因為我們所說的話顯露出我們是如何的思考、感覺與行動。通常，當我們要求團體成員說些什麼的時候，就是希望能促使他們自然而無防衛地說出來。我們反對時髦的團體術語，就是不想要使我們的案主「昏頭了」（Get out of heads）或「不用頭腦」（Turn off their intellects），我們希望他們防衛心不要太重；也就是說，使用不同的言辭是表現與之不同的方法之一。要求以不同於團體術語對案主說話，是針對他們的感受、想法和行動，以探討案主改變的可能性。

・矛盾的探討

我們試圖探討並瞭解存在案主身上的矛盾性，以達成整合思想、感覺和行為的目標。所有案主身上都存在有相對立的兩

面，即使他們不想去瞭解或不要擁有，這些對立的個性還是存在著，例如，思考相對於感覺；父親相對於母親；獨立對不獨立；被動對主動；信任對懷疑；開放對封閉等。我們使用的技巧有很多是要求成員誇大對立的二面的其中一面，使它有足夠時間爲人認識與瞭解，然後，再讓案主決定這一面是否爲他們所欣賞與接受。我們運用的技巧並不是爲了要捨棄某一面，相反地，是經由強調這些矛盾，使案主能瞭解自己的多面性，鼓勵他們接受不需拒絕的部份，拒絕不需要繼續接受的部份，並思考整合改變的可能性。

・把過去、現在和未來合起來看

　　一些團體領導者認爲他們的團體應該著重在現在或此時此地，而有些則強調過去。我們最主要的關切點之一，是去製造可以著重在未來一個人會是如何的技巧。無論如何，改變的基本工作是讓案主瞭解現在的自己，而這植基於他們個人的生活史。我們所運用的技巧不離過去、現在、未來這三個暫時的參考架構之間。通常我們從團體成員目前最關切的問題和我們在團體中所看到的動態關連先著手。我們假定現在的問題與過去的經驗有很深的關連，但是，當我們選用著重過去的技巧時，仍抱持著試探現在的想法，例如：「現在你想對父親說那些以前未曾說過的話？」「你是否能誇大你目前的行爲中，那一些在小時候就從母親那兒學得的行爲？」我們避免以抽象和孤立的方法，探索成員的個人史，我們想藉現在的行爲，檢驗它與過去的相關性。這些技巧的重點是讓案主選擇目前他們想成爲怎樣的人。

・留意涉及到的倫理脈絡

我們認為領導者應該考慮在團體裏使用技巧的倫理性。團體裏會有一些冒險性，尤其是有關團體技巧的冒險，但這些危險可以降至最低程度。領導者應該先有適當的準備，並且讓團體成員知道。因為技巧應該是自然地與成員未來的目標契合，不是領導者強加給成員的。領導者不應該隱藏在技巧之後，好像他們所要提供的是一袋技巧的戲法。領導者應該以他們的團體工作理論做為使用技巧的基礎。

・提供鞏固學習和練習的機會

我們曾經說過，團體的結束階段提供了一個很好的機會，可以運用技巧增強成員記住團體經驗的重點，溫習他們所學習到的主要內容，練習新行為和處理結束的情緒問題。如果這個團體不單單只是一種未經過思考的經驗，那麼這個階段是非常重要的。理想上，團體可以增進在團體經驗學習上的整合（consolidation）、概化（generalization），並予以轉換（transfer）到其他方面。

・學習配合案主的步調

在你和相信你能催化團體的人之間，團體技巧無法用人為的設計來代替治療性及個人性的關係。當你在學習如何與案主配合時，技巧才能夠積極地增強這種關係，並賦予表達的形式。

參考書目

Association for Specialists in Group Work. (1989). *Ethical guidelines for group counselors.* Alexandria, VA: Author. These updated and expanded guidelines provide an adequate framework for group leaders to develop a professional orientation to their practice of group work. The guidelines appear in their entirety in Appendix A.

Atkinson, D. R., Morten, G., & Sue, D. W. (1989). *Counseling American minorities* (3rd ed.). Dubuque, IA: William C. Brown. The authors describe a minority-identity development model. This edited book has excellent sections dealing with counseling for Native Americans, Asian Americans, Blacks, and Latinos. It helps those who lead groups develop an awareness of cultural issues that affect the members' willingness to take part in group exercises and activities.

Blatner, A. (1988). *Acting-in: Practical applications of psychodramatic methods* (2nd ed.). New York: Springer. This excellent book describes the basic elements of psychodrama. Blatner describes techniques such as the auxiliary ego, the double, the warm-up, and approaches leading to action. He also focuses on training in the use of these methods.

Blatner, A., with Blatner, A. (1988). *Foundations of psychodrama: History, theory, and practice* (3rd ed.). New York: Springer. This is an excellent resource that deals with the historical, philosophical, psychological, social, and practical foundations of psychodrama. The authors have a readable style, and they present a fine overview of the practical applications of psychodrama.

Burnside, I. M. (Ed.). (1984). *Working with the elderly: Group process and techniques* (2nd ed.). Boston: Jones & Bartlett. This compendium contains a wealth of practical information and hints on subjects such as training and supervision, group membership issues and procedures, special types of groups for the elderly, guidelines for group workers, and the future of group work with the aged.

Carroll, M., & Wiggins, J. (1990). *Elements of group counseling: Back to the basics.* Denver: Love. This practical new book covers leadership roles, expectations of group members, and group leadership skills. It provides a variety of intervention techniques that are useful in peer support groups, single-parent groups, substance-abuse groups, AIDS groups, and school groups.

Corey, G. (1990). *Theory and practice of group counseling* (3rd ed.). Pacific Grove, CA: Brooks/Cole. This text surveys the key concepts and techniques that flow from the major theories of group counseling. It also discusses the stages of groups, group membership, group leadership, and ethical and professional issues in group practice. A student manual with exercises and techniques for small groups is also available.

Corey, G. (1991a). *Case approach to counseling and psychotherapy* (3rd ed.). Pacific Grove, CA: Brooks/Cole. This book presents separate case studies along with ideas for techniques drawn from contemporary counseling approaches. Experts from each of the various orientations demonstrate their respective approaches and styles in working with the same client. The techniques described are also applicable to working with clients in groups.

Corey, G. (1991b). *Theory and practice of counseling and psychotherapy* (4th ed.). Pacific Grove, CA: Brooks/Cole. This book describes nine therapeutic models that are applicable to both individual and group therapy. It also discusses basic issues in counseling, ethical issues, and the counselor as a person. The book is designed to give the reader an overview of the theoretical bases of the practice of counseling. A student manual is available to assist readers in applying the concepts to their personal growth.

Corey, G., & Corey, M. (1990). *I never knew I had a choice* (4th ed.). Pacific Grove, CA: Brooks/Cole. This book reviews many existential concerns and issues that clients bring to therapy such as those dealing with themes of childhood and adolescence, the struggle toward autonomy, work and leisure, the body and stress management, work, love, sex, sex roles, intimacy, loneliness, death, and meaning. The book discusses the bases on which we make choices for ourselves and how we shape our lives by the choices we make. It contains many exercises and activities that leaders can use for their group work and that they can suggest as homework assignments between sessions. Each chapter is followed by numerous annotated suggestions for further reading.

Corey, G., Corey, M. S., & Callanan, P. J. (1988). *Issues and ethics in the helping professions* (3rd ed.). Pacific Grove, CA: Brooks/Cole. A combination of textbook and student manual, this book contains self-inventories, open-ended cases, exercises, and suggested activities. It deals with a range of professional issues pertinent to group work.

Corey, M. S., & Corey, G. (1989). *Becoming a helper.* Pacific Grove, CA: Brooks/Cole. This book deals with the personal and professional lives of helpers. A few of the topics that have special relevance to group counselors include the motivations for becoming helpers, value issues, common concerns facing counselors, managing stress, dealing with professional burnout, and ethical issues in practice.

Corey, M. S., & Corey, G. (1992). *Groups: Process and practice* (4th ed.). Pacific Grove, CA: Brooks/Cole. Part One deals with the basic issues in group work. In Part Two separate chapters deal with group-process issues at each phase in the evolution of a group. Part Three describes specific types of groups for children, adolescents, adults, and the elderly.

Dies, R. R., & MacKenzie, K. R. (Eds.). (1983). *Advances in group psychotherapy: Integrating research and practice.* New York: International Universities Press. This book is aimed at bridging the gap between research and practice in group therapy. Dies stresses the role of the therapist as a model-setting participant and technical expert who provides a therapeutic structure in which meaningful interactions can occur.

Dinkmeyer, D. C., Dinkmeyer, D. C., Jr., & Sperry, L. (1987). *Adlerian counseling and psychotherapy* (2nd ed.). Columbus, OH: Merrill. This book is a clear and readable source with ideas for working with children, adults, adolescents, and families in groups. It contains concise descriptions of Adlerian techniques that can be used in groups.

Donigian, J., & Malnati, R. (1987). *Critical incidents in group therapy.* Pacific Grove, CA: Brooks/Cole. The aim of this book is to provide a theoretical rationale that will guide practitioners in working with a variety of groups. The core of the book consists of six leading practitioners responding to six typical critical points in the development of a group.

Duncan, J. A., & Gumaer, J. (Eds.). (1980). *Developmental groups for children.* Springfield, IL: Charles C Thomas. Contains several chapters on counseling children in groups. Other chapters deal with play therapy, art therapy, music therapy, bibliotherapy, behavioral counseling, and relaxation approaches.

Feder, B., & Ronall, R. (Eds.). (1980). *Beyond the hot seat: Gestalt approaches to group.* New York: Brunner/Mazel. This book contains some informative articles on the process of Gestalt groups along with techniques to use with various populations. It includes descriptions of art therapy in groups, movement therapy in groups, and marathons.

Friedman, W. H. (1989). *Practical group therapy.* San Francisco: Jossey-Bass. In this guide for clinicians, the author has separate chapters on topics such as techniques to enhance therapeutic factors in group work, coping with difficult members, special issues in group therapy, techniques for termination, role-playing techniques, and working with dreams.

Gazda, G. (Ed.). (1981). *Innovations to group psychotherapy* (2nd ed.). Springfield, IL: Charles C Thomas. Some chapters include multiple-impact training (groups for training in life skills), logotherapy groups, the person-centered approach applied to large groups, rational behavior therapy in groups, and theme-centered interactional therapy.

Gazda, G. (1989). *Group counseling: A developmental approach* (4th ed.). Boston: Allyn & Bacon. This is a basic book on group counseling. It contains chapters on group procedures for preschoolers, young children, preadolescents, adolescents, and adults. It also covers group counseling research and ethical and professional issues.

Glasser, W. (1985). *Control theory.* New York: Harper & Row (Perennial Paperback). Contains the most recent updating of reality therapy. It is a nontechnical book that illustrates ways of using control theory to deal with relationship problems, alcoholism, depression, diseases, child-rearing questions, and weight problems. Glasser's philosophy can easily be incorporated into the structure of a group.

Jacobs, E. E., Harvill, R. L., Masson, R. L. (1988). *Group counseling: Strategies and skills.* Pacific Grove, CA: Brooks/Cole. The authors have specific chapters on the topics of dealing with problem situations and working with specific populations, as well as other general chapters on group process. They have several chapters dealing with skills of cutting off and drawing out, making the rounds, and the use of exercises. One of their chapters is devoted to introducing, conducting, and processing exercises.

Johnson, D. W. (1990). *Reaching out: Interpersonal effectiveness and self-actualization* (4th ed.). Englewood Cliffs, NJ: Prentice-Hall. Designed to provide the theory and experience necessary to develop effective interpersonal skills, this book provides many exercises that can be applied in a group setting. Some topics include self-disclosure, developing and maintaining trust, expressing feelings verbally and nonverbally, listening and responding, resolving interpersonal conflicts, managing anger and stress, and barriers to interpersonal effectiveness.

Johnson, D. W., & Johnson, F. P. (1991). *Joining together: Group theory and group skills* (4th ed.). Englewood Cliffs, NJ: Prentice-Hall. Reviews current social psychological knowledge on small groups and provides a wide range of group exercises to build skills in effective group membership and leadership. Some topics include group dynamics leadership, decision making, communication within groups, conflicts of interests, use of power, leading growth and counseling groups, team building, psychological benefits of group membership.

Kaplan, H. I., & Sadock, B. J. (Eds.). (1983). *Comprehensive group psychotherapy* (2nd ed.). Baltimore: Williams & Wilkins. This is a useful reference work. It covers a wide range of topics such as basic principles of groups, specialized group-therapy techniques, approaches to group therapy, groups with specialized populations, issues in training and research, and groups in the international scene.

Kottler, J. A. (1983). *Pragmatic group leadership.* Pacific Grove, CA: Brooks/Cole. An appropriate book for a course that describes how people change in groups and the dimensions of group leadership. Kottler also has chapters describing group-leadership strategies such as risk taking, creative metaphors, the use of humor, and adjunct structures. The final chapter deals with common unethical behaviors in groups.

Kottler, J. A. (1986). *On being a therapist.* San Francisco: Jossey-Bass. This book focuses on how therapists' work directly affects their personal life. By becoming involved in the exploration of their clients' pain, therapists also become open to their own psychological wounds. The author gives examples of the price that therapists pay for this stressful profession. Group counselors can benefit personally by reviewing and reflecting on the themes in this work.

Kottler, J. A. (1991). *The compleat therapist.* San Francisco: Jossey-Bass. This book examines the variables that are common to most therapies, deals with what therapists do with clients that makes a difference, and addresses the personal factors that enhance therapeutic effectiveness. Although this book is not on group techniques, much of the content could be usefully applied to group practice.

Kottler, J. A., & Blau, D. S. (1989). *The imperfect therapist: Learning from failure in therapeutic practice.* San Francisco: Jossey-Bass. The authors describe how unrealistic expectations and perfectionism can influence therapists' experience of failure. They write about the common mistakes of beginning therapists and show how they can learn from these experiences. The content covered in this book has much relevance for group leaders who burden themselves with perfectionistic standards.

Lakin, M. (1985). *The helping group: Therapeutic principles and issues.* Reading, MA: Addison-Wesley. The author has a particularly useful chapter on ethical issues in helping groups. There is also a separate chapter on the nature and purpose of self-help groups.

Leveton, E. (1977). *Psychodrama for the timid clinician.* New York: Springer. The author offers an excellent view of psychodramatic techniques. Group leaders can benefit greatly from reading the book and following the author's advice to use experimental techniques in group work.

Luft, J. (1984). *Group processes: An introduction to group dynamics* (3rd ed.). Palo Alto, CA: Mayfield. Explores the basic issues fundamental to groups, such as leadership, communication, group effectiveness, and conflict. Part One deals with group processes in perspective, with a focus on stages of group development. Part Two deals with models and metaphors. Featured in this section are discussions of the Johari window, the Zucchini connection, and Bales's interaction-process analysis. Part Three is concerned with the interpersonal influences in groups. Part Four describes specific techniques and applications.

Morganett, R. S. (1990). *Skills for living: Group counseling activities for young adolescents.* Champaign, IL: Research Press. This is a very useful handbook for practitioners who work with children and adolescents. The author presents exercises and techniques that can be used in the following types of groups: dealing with divorce; making and keeping friends; learning communication and assertion skills; developing self-esteem; acquiring stress-management skills; acquiring anger-management skills; school survival and success; and coping with grief and loss.

Napier, R. W., & Gershenfeld, M. K. (1983). *Making groups work: A guide for group leaders*. Boston: Houghton Mifflin. Explores issues of why some groups fail and some groups succeed. Specific chapters deal with the group leader's role, questions asked by leaders, designs for groups, interventions for conflict situations, and evaluation.

Napier, R. W., & Gershenfeld, M. K. (1989). *Groups: Theory and experience* (4th ed.). Boston: Houghton Mifflin. A group-dynamics text that deals with a range of topics, including group norms, membership and leadership issues, goals, group problem solving and decision making, the evolution of groups, and the use of humor in small groups.

Nicholas, M. W. (1984). *Change in the context of group therapy*. New York: Brunner/Mazel. Deals with how individuals' frames of reference are changing in group. Shows how members change their perspectives by adopting new roles and by reframing of their own experience through experimentation and feedback in a group.

Oaklander, V. (1978). *Windows to our children. A Gestalt approach to children and adolescents*. Moab, UT: Real People Press. This is a how-to book that describes the author's work with children in a very sensitive and straightforward manner. Many of her techniques can be applied to young people in group settings.

Ohlsen, M. M., Horne, A. M., & Lawe, C. F. (1988). *Group counseling* (3rd ed.). New York: Holt, Rinehart & Winston. The authors have useful ideas for leaders who want to work with structured groups. They also have several chapters on working with resistance and learning to challenge reluctant clients.

Peck, M. S. (1987). *The different drum: Community making and peace*. The author deals with the true meaning of community, the genesis of community, and the stages of community-making, all of which seem to apply to our weeklong residential workshops and the techniques that we have developed.

Pedersen, P. (1988). *A handbook for developing multicultural awareness*. Alexandria, VA: American Association for Counseling and Development. The material in this book will be most helpful for group counselors who are interested in expanding their awareness of a multicultural perspective in group work. The author makes the assumption that all counseling is to some extent multicultural, and he maintains that we can either choose to attend to the influence of culture or ignore it. This useful handbook deals with topics such as becoming aware of our culturally biased assumptions, acquiring knowledge for effective multicultural counseling, and learning skills to deal with cultural diversity.

Perls, F. (1969). *Gestalt therapy verbatim*. Moab, UT: Real People Press. Perls gives an informal, easy-to-read description of most of the basic concepts of Gestalt therapy. Of particular interest are discussions of the goals of therapy, responsibility, the client/therapist relationship, diagnosis, and the functions and roles of the therapist.

Powers, R. L., & Griffith, J. (1987). *Understanding life-style: The psycho-clarity process*. Chicago: The Americas Institute of Adlerian Studies. Many clinical examples make this book useful. Separate chapters deal with interview techniques, lifestyle assessment, early recollections, the family constellation, and methods of summarizing and interpreting information.

Rainwater, J. (1979). *You're in charge: A guide to becoming your own therapist*. Los Angeles: Guild of Tutors Press. This excellent self-help book provides leaders with ideas for using journals, autobiographies, and fantasy approaches in groups.

Rogers, C. (1970). *Carl Rogers on encounter groups*. New York: Harper & Row. This readable book on the process of the basic encounter group deals with how leaders can be facilitative and what changes occur in people and in organizations as a result of participating in encounter groups.

Rose, S. D. (1989). *Working with adults in groups*. San Francisco: Jossey-Bass. This is an excellent book from a behavioral orientation that deals with starting and conducting groups, using behavioral strategies, and developing techniques for helping members extend therapy into the real world. Many specific techniques are outlined.

Rose, S. D., & Edelson, J. L. (1987). *Working with children and adolescents in groups: A multimethod approach*. San Francisco: Jossey-Bass. Separate chapters deal with orienting group members, assessing problems of members, and techniques for changing behavior in groups. Specific techniques are described that will be useful for those who work in groups with children and adolescents.

Shaffer, J., & Galinsky, M. D. (1989). *Models of group therapy* (2nd ed.). Englewood Cliffs, NJ: Prentice-Hall. This book deals with some of the various models of group therapy, such as psychodrama, Gestalt therapy, and behavior therapy. There are also separate chapters on different types of groups such as the encounter group, the self-help group, the theme-centered group, and the laboratory group. Each of these groups have special techniques.

Sue, D. W., & Sue, D. (1990). *Counseling the culturally different: Theory and practice* (2nd ed.). New York: Wiley. This book is based on the assumption that cultural diversity is a fact of life and that therapeutic practice should reflect an understanding of this diversity. A careful reading will help group counselors adapt their techniques to the cultural background of the members. The authors show how traditional counseling approaches may clash with cultural values, and they suggest alternative ways of dealing with the critical incidents that often occur in therapy.

Vander Kolk, C. J. (1990). *Introduction to group counseling and psychotherapy*. Prospect Heights, IL: Waveland Press. This book provides an overview of models of group counseling and deals with issues in group practice. The author covers group work with special populations such as the disabled, children and adolescents, families, and couples.

Wubbolding, R. E. (1988). *Using reality therapy*. New York: Harper & Row (Perennial Library). This book is clearly written, with many practical guidelines for using the principles of reality therapy in practice. It covers a range of techniques that can be applied to group work. The author describes strategies such as paradoxical intention, the use of humor, creating action plans, the skillful use of questions, self-help techniques, and ways of challenging clients to look at what they are doing.

Yalom, I. D. (1980). *Existential psychotherapy*. New York: Basic Books. This book provides an outstanding foundation for group counselors who are interested in dealing with universal human themes. Substantial chapters deal with the themes of death, freedom, isolation, and meaninglessness.

Yalom, I. D. (1983). *Inpatient group psychotherapy*. New York: Basic Books. Highly readable book for group therapists who work with both higher- and lower-level inpatient groups. The focus is on general principles of therapy and strategies and techniques of leadership. Techniques are given for a single-session time frame and also for short-term groups with a here-and-now focus.

Yalom, I. D. (1985). *The theory and practice of group psychotherapy* (3rd ed.). New York: Basic Books. An excellent and comprehensive text on group therapy, this book presents detailed discussions of the therapeutic factors in groups, the group therapist, issues of transference and transparency, procedures in organizing therapy groups, problem patients, techniques with specialized formats and procedural aids, specialized therapy groups, group therapy compared with the encounter group, and the training of group therapists.

Zimpfer, D. G. (1984). *Group work in the helping professions: A bibliography*. Muncie, IN: Accelerated Development. A comprehensive source of articles and books dealing with a panorama of group issues such as understanding group dynamics and processes, planning and implementation of groups, types of group experience or approach, groups with specific populations, outcome studies, group and individual treatments, new directions, ethical and professional issues in groups, and training and supervision of group workers.

Zinker, J. (1978). *Creative process in Gestalt therapy*. New York: Random House (Vintage). A beautifully written book that captures the essence of Gestalt therapy. The author shows how the therapist functions much like an artist in creating experiments that encourage clients to expand their boundaries. This work shows the difference between planned exercises that are imposed on clients and experiments that grow out of the therapeutic process.

社工叢書 5

團體技巧

作　　　者	╱Gerald Corey
譯　　　者	╱曾華源、胡慧嫈
出　版　者	╱揚智文化事業股份有限公司
發　行　人	╱葉忠賢
總　編　輯	╱林新倫
登　記　證	╱局版北市業字第 1117 號
地　　　址	╱台北市新生南路三段 88 號 5 樓之 6
電　　　話	╱(02)2366-0309
傳　　　真	╱(02)2366-0310
郵　撥　帳　號	╱19735365　葉忠賢
網　　　址	╱http://www.ycrc.com.tw
E-mail	╱book3@ycrc.com.tw
印　　　刷	╱鼎易印刷事業股份有限公司
法　律　顧　問	╱北辰著作權事務所　蕭雄淋律師
I S B N	╱957-8446-63-2
初　版　一　刷	╱1998 年 4 月
初　版　五　刷	╱2003 年 3 月
定　　　價	╱新台幣 300 元

國家圖書館出版品預行編目資料

團體技巧 / Gerald Corey 等原著;
曾華源,胡慧嫈譯.--初版.--臺北市：揚智文化，
1998[民 87]
面 ；公分． -（社工叢書 ; 2 ）
參考書目：面
譯自:Group Techniques
ISBN 957-8446-63-2(平裝)

1.社會團體工作

547.3   87001373

近幾年來台灣社會急劇變遷與社會問題不斷增多下，社會工作福利服務才受到重視與需要。目前可說是台灣社會工作專業發展真正的契機。

本叢書的籌劃針對當前社會及專業的需要，購置國外一系列評價較高的社會工作圖書，包括全面品質管理的理論與實務、人類行為、整合社會福利政策與社會工作實務、社會團體工作。然而，未來將陸續出版與實務工作者有密切相關的書籍。

更重要的是，期望藉著這些書籍的撰寫與翻譯，不再受限於教材的不足，並能強化社會工作專業人員的能力，使我國本土的社會工作福利服務實務能有最佳的發展。

整合社會福利政策與社會工作實務

Integrating Social Welfare Policy & Social Work Practice

Kathleen McInnis-Dittrich 著　　　胡慧嫈 譯　　曾華源 郭靜晃 校閱

ISBN: 957-8446-42-X

出版日期: 97'/11/初版一刷

定價: NT$250

頁數: 254p.

規格: 18K

裝幀: 平裝

印刷: 內文華紙米色道林

版權: 揚智文化事業股份有限公司

　　本書主旨在強調直接服務何社會福利政策無法想像是專業教育，可以彼此區分開來的；一位實務工作者應瞭解社會福利機構政策對服務個提供上所帶來的影響。此外，本書亦探討在實務工作上的社會環境脈絡，以擴展讀者的視野，並能瞭解機構與社會福利政策所導致的問題。最後，作者指出實務工作者應具備何種知識與能力，以便能在社會福利政策範圍內勝任專業服務工作。

內容：

第一章　社會工作實務者何社會福利政策
第二章　實現社會福利政策：社會服務機構的內在環境
第三章　社會服務機構的外在環境
第四章　當前的社會福利制度：方案的運作
第五章　社會福利政策制定的過程
第六章　政策制定過程：問題解決理論
第七章　政策評估、研究與分析
第八章　影響公共政策改變中的實務工作角色
第九章　實務工作者在改變機構層次政策中的角色

社會服務機構組織與管理
－全面品質管理的理論與實務

Total Quality Management in Human Service Organizations

Lawrence L. Martin 著　　　　施怡廷 梁慧雯 譯　　　　曾華源 校閱

ISBN: 957-8446-43-8
出版日期： 97'/11/初版一刷
定價： NT$200
頁數： 164p.
規格： 25K
裝幀：平裝
印刷：內文華紙米色道林
版權：揚智文化事業股份有限公司

　　本書主旨在於援引全面品質管理之知識與技術，如何運用在社會服務機構組織中的管理工作上，書中不僅簡潔扼要的指出全面品質管理之精義與實施成功的關鍵因素，而且還引用實例說明品質管理如何來實際的運作，可以使讀者很快的掌握個中要義，可說是融合理論與實務的專業書籍，對國內修習社會工作行政與管理課程的學生及公私立社會服務機構的實務工作者，均有俾益。

內容：

第一章　品質管理——波新的管理浪潮
第二章　何謂全面品質管理
第三章　全面品質管理是一個管理的哲學
第四章　組織的目標是品質
第五章　服務對象品質資料的收集與使用
第六章　瞭解與控制變異
第七章　藉由團隊工作持續品質改善
第八章　高層主管的承諾
第九章　立約雙方的參與
第十章　全面品質管理的實施計畫

社會團體工作

Social Work Practice with Groups ： A Clinical Perspective

Kenneth E. Reid 著

ISBN: 957-8446-47-0

出版日期：97'/12/初版一刷

定價： NT$550

頁數： 488p.

規格： 18K

裝幀：平裝

印刷：內文華紙米色道林

版權：揚智文化事業股份有限公司

　　本書為如何實施團體工作的專業書籍。作者以其紮實的理論知識，配合經驗，以深入淺出的方式介紹如何以小團體為媒介，來協助案主成長，激發潛能，並帶來有意義改變。由於本書內容兼顧理論與實務技巧說明，可被廣泛的應用在助人專業臨床工作中，是一本適合大學社會工作、教育、心理輔導等科系的教科書，也是助人專業人員自我進修的好書。

內容：

第 1 章　團體工作的治療性

第 2 章　社會團體工作的歷史脈絡

第 3 章　團體中的治療要素

第 4 章　團體動力

第 5 章　成為團體成員

第 6 章　團體中的團體工作者

第 7 章　團體基本技巧

第 8 章　團體工作者的干預方法

第 9 章　建立團體

第 10 章　團體工作的開始階段

第 11 章　方案活動

第 12 章　團體工作中期階段

第 13 章　團體工作的結束階段